KB080121

나·이·스·사·주·명·리

다시 쓰는 명리학

...이론편...

다시 쓰는 명리학 시리즈 ①

나·이·스·사·주·명·리

다시 쓰는 명리학

...이론편...

맹기옥 著

祥元文化社

머리말...

이 책은 《다시 쓰는 명리학 시리즈》 중에서 명리학 이론을 총정리한 제1권 『다시 쓰는 명리학(이론편)』입니다. 명리학을 처음 접한 분이나 여기저기서 명리학을 공부했으나 체계를 잡지 못한 분들에게 적합한 명리학 총정리 이론서입니다.

초·중·고를 다닌 후 직업을 갖고 사회생활을 하듯이 명리학도 이론 공부를 충분히 한 후 사주풀이를 해야 합니다. 그러나 현실은 명리학에 입문하는 순간 인터넷이나 스마트폰 만세력으로 사주팔자를 뽑아 곧바로 사주풀이를 하려고 합니다. 명리 학습의 첫 단추부터 문제가 발생하는 이유입니다. 이 책을 적어도 5번 이상 보시기를 권장합니다. 기본이 튼튼해야 후에 응용력을 발휘할 수 있기 때문입니다.

❖ ❖ ❖

시중에는 10년, 20년을 공부해도 사주풀이에 자신이 없다는 사람들이 많습니다. 명리학 이론을 체계적으로 공부하지 않고 섣부르게 사주풀이를 하려고 했기 때문입니다. 기초가 부실한 탑으로는 아무리 노력해도 결과는 뻔합니다. 방법은 기존의 탑을 부수고 다시 시작해야 하는데 굳어버린 기존의 습관 때문에 계속 장애가 발생합니다. 그래서 첫 단추를 제대로 끼우는 일이 무척 중요합니다.

영어교육을 전공하고 중·고등학교와 입시학원 등에서 아이들을 가르치고 있을 때 개인차가 항상 의문이었습니다. 이런 의문을 가지고 있을 때 명리학을 접했습니다. 명리학에서 개인차에 대한 답을 찾을 수도 있을 것 같아서 관심을 가졌고, 그 후로 명리학에 대해 책을 쓰고 강의와 상담도 하고 있습니다.

2012년 원광디지털대학 동양학과에 편입하여 졸업한 후 2013년부터 서울 성북동 동방문화대학원대학교 평생교육원에서 명리학 최고 지도자과정과 명리학 전문가과정에서 강의하면서, 다음과 네이버의 나이스 사주명리 카페와 유튜브 나이스사주명리에도 꾸준히 명리학에 대한 자료들을 올리고 있습니다.

2012년 기존 명리학 이론을 정리한 『나이스사주명리(이론편)』을 출간하였고, 그 후 『나이스사주명리(응용편)』『나이스사주명리(고전편)』을 상원문화사에서 출간하였습니다. 이 과정에서 떠나지 않는 의문이 있었는데 같은 팔자와 같은 운의 흐름을 보면서도 같은 질문에 서로 다른 답을 하는 것이었습니다. 문제점을 찾고자 명리학 고전인 『자평진전』『난강망』『적천수』를 다시 정리하여 『자평진전해설서』『난강망해설서』『적천수해설서』를 출간하였습니다. 그러니까 이러한 책들은 기존의 명리학 이론을 정리하거나 해설해 놓은 책들입니다.

이 과정에서 같은 팔자를 보고도 서로 다른 주장을 하는 원인을 찾아냈습니다. 기존의 명리학은 음을 무시하고 양 중심의 오행으로 설명하고 있었습니다. 甲木과 乙木을 구분하지 못하고 木이라 하고, 丙火와 丁火를 구분하지 못하고 火라고 합니다. 戊土와 己土를 구분하지 못하고 土라고 하고, 庚金과 辛金을 구분하지 못하고 金이라 하고, 壬水와 癸水를 구분하지 못하고 水라고 합니다. 음과 양은 정반대로 운동하는데 같다고 해버리니 명리학의 첫 단추인 음양에서부터 문제가 생긴 것입니다. 근본에서 답을 찾으려 하지 않고 드러나는 문제점들만 일일이 대처하며 땜질식으로 온갖 잔기술과 기교를 부리며 새로운 이론이 나왔다가 사라지기를 반복해 온 것이 명리학의 역사입니다. 형·충·파·해나 통근, 지장간, 수많은 신살 그리고 다양한 용신론, 허자론 등이 그런 것들입니다.

2015년부터 음과 양을 대등하게 적용하여 만든 새로운 12운성 표를 수업에 적용하여 오다가, 2017년 이후 출간된 모든 책에는 새로운 12운성 표를 실었습니다. 그 후 기존 12운성에 의문을 가졌던 분들의 열렬한 호응을 받았고, 20~30년 공부를 했으나 답을 찾지 못해 명리를 포기하려는 순간 새로운 희망을 보았다는 분들도 만났습니다.

이번에 출간하는 《다시 쓰는 명리학 시리즈》는 음과 양이 대등하다는 자연의 법에 기준을 두고 '새로운 12운성, 새로운 12신살 그리고 십신의 재해석'에 이르기까지 명리학의 새로운 기준을 제시하고 있습니다.

제1권 『다시 쓰는 명리학(이론편)』은 기존 명리학과 다른 새로운 기준을 제시하는 명리학 종합이론서입니다.

제2권 『다시 쓰는 명리학(응용편)』은 1권에서 배운 이론들을 적용, 응용, 훈련하는 책입니다.

제3권 『다시 쓰는 명리학(종합편)』은 각 천간을 월별로 총 120가지로 분류하여 오행이 아닌 천간과 지지 중심으로 팔자를 볼 수 있도록 서술한 책입니다.

제4권 『다시 쓰는 명리학(형충파해와 신살편)』은 명리학에서 지엽적인 형충파해와 여러 가지 신살을 해석하는 방법에 대해 다루고 있습니다.

이 책들을 반복 학습한다면 전국 어디에서 공부하더라도 같은 팔자를 보면 똑같은 설명을 할 수 있습니다. 《실전편》을 찾는 분들이 있는데 다양한 질문에 따라 답이 나와야 하므로 글로 쓰기에는 상당히 힘들고 양도 많아집니다. 나이스사주명리 홈페이지에 수업자들이 칠판에 적은 사주와 질문을 설명하는 '사주풀이 동영상 모음'이 있습니다. 필요하신 분은 참고하기 바랍니다.

공자님 말씀 중에 溫故而知新온고이지신 可以爲師矣가이위사의라는 말이 있습니다. "옛것을 알고 새로운 것을 펼쳐야 스승이 될 수 있다."라는 말입니다. 수백 년 전 이론을 그대로 전달만 하고 있으면 스승이 될 자격이 없다는 뜻입니다. 자연의 법은 간단합니다. 밤과 낮처럼 음과 양은 대등하면서 반대로 운동합니다. 진리는 가까이 있는데 근본을 무시하고 그동안 지엽적인 것에서만 답을 찾으려고 헤매지 않았나 하는 생각이 듭니다.

사주팔자는 '태어날 때 각자에게 주어지는 시간표'입니다. 명리학은 각자에게 주어진 시간표가 다르므로 '내 삶의 주인은 나'라고 가르치고 있습니다. 남에게 간섭받지도 말고 간섭하지도 말며 자기가 자기 삶의 주인으로 살아가면 좋겠습니다.

책이란 표지와 종이가 아닌 책 속의 내용으로 가치가 매겨집니다. 이 책에는 기존 명리학의 문제점을 발견한 이후 오랫동안 시간과 노력을 들여 새롭게 정립한 이론들이 들어 있습니다. 책의 내용을 인용할 때는 반드시 출처를 밝혀 주시고, 이 책을 소유하신 분들도 불법 무단 복제되어 나돌아다니지 않도록 해주시기 바랍니다. 무엇이든지 본인이 소중하게 여겨야 남도 소중하게 여깁니다.

건강〔體〕해야 일〔用〕을 할 수 있고, 내〔我〕가 있어야 주변 사람이나 사물들〔他〕이 있을 것이니 심신의 건강을 최우선으로 하시기 바랍니다. 모두 '명리(命理)와 함께 자연(自然)스러운 삶'을 살아가면 좋겠습니다.

끝으로 이 책이 나올 수 있도록 몇 달 동안 수고해 주신 상원문화사 문해성 대표님, 김영철 실장님과 직원 여러분께 고마움을 전합니다. 그리고 동방문화대학원대학교 평생교육원과 신설동 전통과학아카데미, 광주 나이스사주명리학회에서 함께 공부하신 분들과 나이스사주명리 카페 회원 여러분들께도 감사함을 전합니다.

이 책의 교정에 참여해 주신 김은희님(서울), 김학선님(음성), 박정하님(파주), 송지희님(인천), 우미연님(서울), 이덕연님(전주), 이재숙님(청주), 이채윤님(용인), 장정호님(예산), 조원님(서울) 정말 고맙습니다.

2022년 겨울
빛고을 光州에서
孟起玉

차례...

음양(陰陽)

나이스서주맹리 다시 쓰는 망리학

...이론편...

음양(陰陽)

명리학은 중국에서 시작되었으므로 한자(漢字)로 쓰여 있다. 우리나라나 영어권 등 다른 나라에서 시작되었다면 한자로 쓰였을 리가 없다. 그래서 글자에 집착하지 말고, 천간 지지 글자가 나타내고자 하는 자연의 변화를 읽어야 한다.

대자연의 운동은 시작이 있으면 끝이 있다. 그리고 그 끝은 다시 시작으로 이어져서 순환 반복된다. 시작부터 끝까지를 두 개로 나누면 음양, 네 개로 나누면 사계절, 다섯 개로 나누면 오행, 열 개로 나누면 십 천간, 열두 개로 나누면 십이 지지, 60개로 나누면 60갑자가 된다. 물론 더 자세하게 나눌 수도 있다. 365개로 나누면 일 년, 365일이 된다.

음양은 밤과 낮의 변화와 같다. 양(陽)은 봄·여름처럼 안에서 밖으로 나가는 운동을 하고, 음(陰)은 가을·겨울처럼 밖에서 안으로 들어오는 운동을 한다. 양(陽)은 밖으로 나오므로 누구나 알 수 있지만, 음(陰)은 안으로 들어가므로 모르는 경우가 많다. 오늘날 명리학이 절름발이 학문이 된 이유는 음을 보이지 않는다고 없는 것처럼 여겼기 때문이다. 말로는 태극 모양을 그리며 음과 양은 대등하다고 하면서 실제로는 음을 철저히 무시하고 있었다. 남자는 여자를 무시하고, 높은 것은 낮은 것을 무시하고, 큰 것은 작은 것을 무시하고, 넓은 것은 좁은 것을 무시하였다. 그래서 크고 높고 넓은 것은 좋고, 작고 낮고 좁은 것은 나쁘다는 인식이 퍼졌다.

자연의 법칙에는 좋고 나쁜 것은 없다. 낮이 좋고 밤이 나쁠 리가 없다. 큰 그릇이 좋고 작은 그릇이 나쁠 리가 없다. 모두 필요해서 존재하는 것이다. 안이 없는 밖은 있을 수 없고, 밖이 없는 안도 있을 수 없다. 음과 양을 대등하게 여기며 보이지 않는 음을 잘 볼 수 있으면 명리학을 쉽게 배울 수 있다.

음(陰)	양(陽)
밖에서 안으로 들어간다	안에서 밖으로 나간다
주로 두뇌를 사용한다	주로 손발을 사용한다
주로 실내에서 활동	주로 실외에서 활동

음양은 시소처럼 균형을 이루어야 좋다. 밤과 낮, 여름과 겨울처럼 일과 휴식, 육체와 정신도 균형을 이루어야 한다. 시소의 양쪽이 균형을 잃으면 움직이기 힘들다. 팔자도 음양의 균형을 잃으면 사는 것이 힘들고 어렵다.

아침과 낮이 양이고, 저녁과 밤이 음이다. 봄과 여름이 양이고, 가을과 겨울이 음이다. 양은 활동하는 시기고, 음은 충전하는 시기다. 잠을 자야 다시 일이나 공부를 할 수 있다. 음양의 균형을 이루어야 정신과 육체가 활력이 넘치고 건강한 삶을 유지할 수 있다. 하루하루의 삶은 음양이 균형을 이루어야 한다.

양은 밖이고, 음은 안이다. 양은 양지식물이고, 음은 음지식물이다. 양은 중심가이고, 음은 변두리이다. 양은 화려하고, 음은 화려하지 않다. 양은 밀도가 낮고, 음은 밀도가 높다. 손바닥은 음이고, 손등은 양이다. 배는 음이고, 등은 양이다.

음양은 계속 확장할 수 있다. 음과 양이 따로 존재할 수는 없다. 앞이 없는 뒤가 있을 수 없고, 뒤가 없는 앞도 있을 수 없다. 안이 없는 밖은 있을 수 없고, 밖이 없는 안도 있을 수 없다. 봄에는 가을이 안에 있고, 가을에는 봄이 안에 있다. 여름에는 겨울이 안에 있고, 겨울에는 여름이 안에 있다. 밖에 있는 것은 잘 보이지만 안에 있는 것은 잘 보이지 않는다. 음양은 끊임없이 순환 반복운동을 한다. 살아 있는 것은 모두 음양운동을 한다. 살아 있으려면 음양운동을 해야 한다.

양이 좋고, 음은 좋지 않다는 생각을 버려야 한다. 올라갈 때가 있으면 내려올 때가 있다. 아침과 낮을 지나 저녁과 밤이 오고, 저녁과 밤을 지나면 아침과 낮이 온다. 음과 양은 항상 대등하다. 양은 좋고 음은 나쁘다는 믿음 때문에 건강을 해치기도 하고 인간관계가 나빠지기도 한다. 명리학은 자연의 법에 기준을 두고 있다. 봄·여름·가을·겨울 그리고 아침·낮·저녁·밤의 변화가 자연의 법이다.

인류 역사를 보면 부귀를 누린 기득권 세력들이 기준을 만들어 왔다. 높고 큰 것이 좋고 낮고 작은 것은 좋지 않다는 기준을 만들었고, 많고 넓은 것이 좋고 적고 좁은 것은 좋지 않다는 기준을 만들어 왔다. 자연의 법에서는 음양은 같다. 자연의 법은 어떤 법보다 상위법이다. 명리학을 공부할 때는 인간이 만든 법에 우선해서 음과 양을 대등하게 여기는 자연의 법을 따라야 한다.

《음양표》

양(陽)	음(陰)	양(陽)	음(陰)
하늘	땅	동(東)	서(西)
여름	겨울	남(南)	북(北)
봄	가을	생(生)	사(死)
육지	바다	불	물
아침	저녁	승리	패배
상(上)	하(下)	밖	안
해	달	동(動)	정(靜)
높다	낮다	희망	절망
진(進)	퇴(退)	크다	작다
덥다	춥다	빠르다	느리다
건(乾)	곤(坤)	이(離)	감(坎)
낮	밤	가열	냉각
따뜻하다	차다	길(吉)	흉(凶)
개방	폐쇄	복(福)	화(禍)
강(剛)	유(柔)	강(强)	약(弱)
적극적	소극적	외향적	내성적
밝다	어둡다	부친	모친
밖	안	木火	金水
발산	수렴	소인(少人)	노인(老人)
건조하다	축축하다	임금	신하

음과 양은 대등하다. 음과 양은 항상 함께 다닌다. 서로 각자의 역할이 있다. 양은 드러나고 음은 드러나지 않는다. 음이 양을 움직인다. 비서나 참모나 보좌관이 조직의 장을 움직인다. 작곡가나 작사가가 가수를 움직인다. 감독이나 피디가 배우나 탤런트를 움직인다. 운동선수도 코치나 감독에 의해 움직인다. 선생님이 학생을 움직인다. 음의 중요성을 알아야 한다. 보이지 않는 음을 이해하는데 많은 시간과 노력을 아끼지 말아야 한다.

양의 성공 여부는 음에 달려 있다. 글을 읽을 때는 작가의 의도, 즉 행간을 읽도록 해야 한다. 시험이나 면접을 볼 때는 출제자나 면접관의 의도를 파악해야 한다. 손가락을 보지 말고 손가락이 가리키는 달을 보아야 한다.

체격이 양이라면 체력은 음이다. 음지에 있는 사람들을 귀하게 여겨야 한다. 그러면 활력이 넘치는 조직, 활력이 넘치는 사회가 된다.

오행(五行)

나이스시주팽리 다시 쓰는 땅과학

(대표)방료

...이론편...

오행(五行)

　　오행 운동은 자연에서 일어나는 변화를 나타낸다. 오행은 눈에 보이지 않는 음의 세계는 다루지 않는다. 오행은 우리 주변의 여러 사물이나 현상에도 적용할 수 있다. 오행 표는 실생활에서도 유용하게 사용할 수 있다. 물론 오행은 눈에 보이는 양간을 의미하고 음간은 나타내지 못하므로 사주팔자를 풀이할 때는 한계가 있다. 사주팔자에서는 눈에 보이는 양간만이 아니라 눈에 보이지 않는 음간도 함께 살펴야 한다.

　　오행표는 보통 사주팔자에 부족한 기운을 보충할 때나 넘치는 기운을 빼주는 방식으로 사용한다. 택일이나 작명 또는 지명, 그리고 장날이나 건물명 등을 정할 때도 사용한다.

계절을 보면 **봄**은 만물이 솟아나니 木, **여름**은 꽃이 피고 화려하니 火, 잎이 떨어지기 시작하는 **가을**은 金, 그리고 추위 속에서 휴식 충전하며 봄을 기다리는 **겨울**은 水가 된다. 土는 계절이 바뀌는 **환절기**에 위치한다.

방향을 살펴보면 **동쪽** 木이고, **남쪽** 火, **서쪽** 金, **북쪽** 水가 된다. 土는 **중앙**으로 본다. 그래서 지구에서 동쪽에 있는 한국과 일본은 오행으로 木이 된다. 미국이나 유럽은 서쪽아니 金이다. 남쪽 열대지방은 火이고, 러시아 등 북쪽 추운 지방은 水다. 그리고 중앙에 있는 중국은 土로 본다. 한 집안에서도 동서남북이 있고, 한 도시나 한 국가에도 동서남북이 있으니 각 상황에 맞추어 적절하게 오행을 적용하면 된다.

성장하는 과정에 오행을 대입해 보면 木 **유년기**, 火 **청년기**, 土 **중간 전환기**, 金 **중년기** 그리고 水는 **노년기**다.

색깔을 보면 木 **청색**, 火 **적색**, 土 **황색**, 金 **백색** 그리고 水는 **흑색**이다.

한글의 자음도 오행에 근거를 두고 있다. 木 ㄱ·ㅋ, 火 ㄴ·ㄷ·ㄹ·ㅌ, 土 ㅁ·ㅂ·ㅍ, 金 ㅅ·ㅈ·ㅊ 그리고 水는 ㅇ·ㅎ으로 표기한다. 이러한 한글 자음의 오행은 상표나 상호 그리고 인명

(人名)에 사용된다. 水와 土를 바꾸어 쓴 책도 있으나 《훈민정음해례본》에서 한글을 만든 사람들이 분명하게 설명하고 있다.

맛을 오행에 적용해 보면 **신맛**은 木이고, **쓴맛**은 火, **단맛**은 土, **매운맛**은 金이다. 그리고 **짠맛**은 水이다. 맛의 오행도 건강이나 음식의 궁합 등에 적용하는 경우가 많으니 알아두면 유용하다. 몸에서 부족한 음식은 본능적으로 찾게 되니, 평소에 먹고 싶은 음식을 골고루 먹으면 좋다. 마찬가지로 먹기 싫을 때는 피하는 것이 현명하다.

신체에서는 **간**은 木, **심장**은 火, **위장**은 土, **폐**는 金, **신장**은 水가 된다. 사주팔자에 각 오행이 부족하거나 넘치면 해당 장기에 문제가 된다. 물론 이때는 보이지 않는 음간의 오행까지 참고해야 한다. **얼굴**에서는 **눈**은 木이고, **혀**는 火, **입**은 土, **코**는 金, **귀**는 水로 적용한다.

천간의 오행에서 甲乙은 木, 丙丁은 火, 戊己는 土, 庚辛은 金, 壬癸는 水가 된다. 그리고 **지지**의 오행은 寅卯는 木, 巳午는 火, 申酉는 金, 亥子는 水가 된다. 지지의 각 계절의 전환점인 辰戌丑未는 土로 분류한다. 사주팔자를 공부할 때에는 오행이 아닌 천간과 지지로 공부해야 한다. 사주팔자는 오행이 아닌 천간과 지지로 되어 있기 때문이다.

인의예지신(仁義禮智信)도 오행으로 나눌 수 있다. 木☞ 인(仁), 火☞ 예(禮), 土☞ 신(信), 金☞ 의(義), 水☞ 지(智)이다. 그래서 木의 성분이 강하면 인자하며 학문에 적합하고, 火의 성분은 화끈하고 예의를 잘 지킨다. 土는 중립적인 자세를 취하여 믿음이 가고, 金은 강직하고 의리가 있다. 그리고 水는 지혜가 있음을 의미한다. 오행은 모두 눈에 보이는 양간만 이야기하고 있음을 잊어서는 안 된다. 즉, 甲木, 丙火, 戊土, 庚金, 壬水에 대한 설명이라고 이해하면 된다.

숫자도 오행으로 분류할 수 있다. 木☞ 3·8, 火☞ 2·7, 土☞ 5·10, 金☞ 4·9, 水☞ 1·6이 된다. 이러한 숫자는 시골의 장날 등에 옛날부터 사용되었다.

사상(四象)에서도 오행이 적용된다. 木은 양의 시작이니 소양(少陽), 火는 태양(太陽) 그리고 土는 중간을 나타내고, 金은 음의 시작이니 소음(少陰), 水는 태음(太陰)이 된다. 또 청룡(靑龍)은 청색이니 동쪽의 木이 되고, 주작(朱雀)은 적색이니 남쪽의 火가 된다. 그리고 백호(白虎)는 흰색이니 서쪽의 金이 되고, 현무(玄武)는 검은색이니 북쪽의 水가 된다.

한난냉온습을 오행으로 나누면 木은 소양(少陽)이니 난(暖)이 되고, 火는 태양(太陽)이니 온(溫)이 된다. 또 土는 습(濕)에 해당하고, 金은 한(寒), 水는 냉(冷)에 해당한다. 성격적으로는 木을 가진 사람은 예민하고, 火를 가진 사람은 창의력이 있다. 그리고 土는 명석한 판단력이 있고, 金은 예리한 직관력이 있다. 水는 지혜롭게 처신한다.

이렇게 오행을 정리했지만, 오행에도 내외(內外), 즉 음양이 있으니 오행보다는 천간 지지 중심으로 공부하는 것이 현명하다.

《오행 표》

木	火	土	金	水
춘(春)	하(夏)	장하(長夏)	추(秋)	동(冬)
동(東)	남(南)	중앙(中央)	서(西)	북(北)
유년	청년	중년	장년	노년
청(靑)	적(赤)	황(黃)	백(白)	흑(黑)
ㄱㅋ	ㄴㄷㄹㅌ	ㅁㅂㅍ(ㅇㅎ)	ㅅㅈㅊ	ㅇㅎㅁ(ㅂㅍ)
신맛	쓴맛	단맛	매운맛	짠맛
간, 담	심장, 소장	비장, 위장	폐장, 대장	신장, 방광
눈	혀	입	코	귀
甲乙	丙丁	戊己	庚辛	壬癸
寅卯	巳午	辰戌丑未	申酉	亥子
인(仁)	예(禮)	신(信)	의(義)	지(智)
3, 8	2, 7	5, 10	4, 9	1, 6
소양	태양	균형	소음	태음
청룡(靑龍)	주작(朱雀)	*	백호(白虎)	현무(玄武)
난(暖)	온(溫)	습(濕)	한(寒)	냉(冷)
예민	창의	명석	직관	지발

화토(火土)동법

천간과 지지에 연결할 때는 오행으로 火土동법을 사용한다. 천간은 오행 운동을 하고 지지는 사계절 운동을 하므로 짝이 맞지 않기 때문이다. 천간과 지지를 연결할 때는 성질이 대략 비슷한 丙火와 戊土를 같이 취급하고 丁火와 己土를 같이 취급한다. 이를 火土동법이라고 한다. 그러나 丙火와 戊土가 같을 리가 없고, 丁火와 己土가 같을 리가 없다.

丙火의 속성이 오로지 더 확산 더 상승 운동이라면, 戊土는 丙火 운동에 제동을 걸고 응축 하강하는 속성을 가진 庚金을 돕는다. 그래서 戊土는 전반부와 후반부의 모습이 다르다. 戊土의 제동이 없으면 우주는 순환 반복운동을 하지 못하게 된다.

己土도 마찬가지이다. 火土동법으로 丁火와 己土의 속성을 더 응축 더 하강으로 표시했지만 같을 리가 없다. 丁火의 속성은 더 응축 더 하강이다. 己土는 더 응축 더 하강 운동을 하는 丁火를 멈추게 한후 확산 상승하는 辛金을 돕는다. 己土도 戊土처럼 전반부와 후반부의 모습이 다르다. 더 확산 더 상승 운동을 응축 하강 운동으로 돌리는 戊土와 더 응축 더 하강 운동을 확산 상승 운동으로 돌리는 己土로 인하여 우주는 순환 반복운동을 이어간다.

사계절

천간은 우주 운동을 나타내고, 지지는 지구의 운동을 나타낸다. 지구에 사는 인간들은 지구의 운동에 민감하다. 지구에 발을 딛지 않고는 살아갈 수 없기 때문이다.

지구는 사계절 운동을 한다. 봄·여름·가을·겨울이 사계절이다.

봄은 寅卯辰, **여름**은 巳午未, **가을**은 申酉戌, **겨울**은 亥子丑이다.

寅卯辰에서는 만물이 확산 상승한다. 이 시기에는 甲木과 辛金이 나머지 천간을 주도한다. 巳午未에서는 만물이 더 확산 더 상승한다. 이 시기에는 丙火와 戊土 그리고 癸水가 나머지 천간을 주도한다. 申酉戌에서는 만물이 응축 하강한다. 이 시기에는 庚金과 乙木이 나머지 천간을 주도한다. 亥子丑에서는 만물이 더 응축 더 하강한다. 이 시기에는 壬水와 丁火 그리고 己土가 나머지 천간을 주도한다.

_寅卯辰_{인묘진} ： 봄과 아침(甲木과 辛金이 주도)

寅卯辰에서는 甲木과 辛金이 주도권을 잡는다. 甲木과 辛金은 손등과 손바닥처럼 하나의 짝이다. 밖에서는 양간인 甲木이 주도권을 잡고 안에서는 음간인 辛金이 주도권을 잡는다. 나머지 다른 천간들은 주도권을 잡은 甲木과 辛金에게 복종해야 한다. 寅卯辰에서는 모든 천간이 甲木과 辛金의 지시를 따라야 한다.

_巳午未_{사오미} ： 여름과 낮(丙火와 戊土와 癸水가 주도)

巳午未에서는 丙火와 戊土 그리고 癸水가 주도권을 잡는다. 丙火(戊土)와 癸水는 손등과 손바닥처럼 하나의 짝이다. 밖에서는 양간인 丙火와 戊土가 주도권을 잡고 안에서는 음간인 癸水가 주도권을 잡는다. 나머지 다른 천간들은 주도권을 잡은 丙火와 戊土 그리고 癸水에게 복종해야 한다. 巳午未에서는 모든 천간이 丙火와 戊土 그리고 癸水의 지시를 따라야 한다.

_申酉戌_{신유술} ： 가을과 저녁(庚金과 乙木이 주도)

申酉戌에서는 庚金과 乙木이 주도권을 잡는다. 밖에서는 양간인 庚金이 주도권을 잡고 안에서는 음간인 乙木이 주도권을 잡는다. 庚金과 乙木은 손등과 손바닥처럼 하나의 짝이다. 나머지 다른 천간들은 주도권을 잡은 庚金과 乙木에게 복종해야 한다. 申酉戌에서는 모든 천간이 庚金과 乙木의 지시를 따라야 한다.

_亥子丑_{해자축} ： 겨울과 밤(壬水와 丁火와 己土가 주도)

亥子丑에서는 壬水와 丁火 그리고 己土가 주도권을 잡는다. 壬水와 丁火, 壬水와 己土는 손등과 손바닥처럼 하나의 짝이다. 밖에서는 양간인 壬水가 주도권을 잡고 안에서는 음간인 丁火와 己土가 주도권을 잡는다. 나머지 다른 천간들은 주도권을 잡은 壬水와 丁火 그리고 己土에게 복종해야 한다. 亥子丑에서는 모든 천간이 壬水와 丁火 그리고 己土의 지시를 따라야 한다.

사주팔자는 태어난 연월일시로 정해진다. 기둥이 네 개이고 글자가 여덟 개이다. 여덟 사람이 모이면 회장이나 총무를 뽑듯이 팔자에도 기준이 되는 대표 글자가 있다. 일간과 월지이다. 일간이 모임을 대표하는 회장이라면 월지는 실무를 책임지는 총무다. 일간을 기준으로 십신이 정해지고, 월지가 나머지 글자들을 통제한다. 대운의 지지는 월지에서 시작된다.

시간(時干)	일간(日干)	월간(月干)	연간(年干)
시지(時支)	일지(日支)	월지(月支)	연지(年支)

천간은 생각이나 마음을 나타낸다. 생각만으로 둥둥 떠다니며 세상을 살 수는 없다. 발을 붙이고 살아가는 지지 현실이 중요하다.

일간의 종류는 몇 가지나 될까? 천간이 열 개이니 열 개다. 그러나 지지 현실에 따라 천간의 모습은 다양해진다. 운에서 오는 변화를 빼더라도 원국에서 하나의 일간은 72가지가 된다. 甲木 일간만 해도 그 종류가 72가지라는 말이다. 월지와 일지를 반영했을 경우이다. 천간이 열 개이니 원국에 있는 일간의 종류는 720가지이다.

이 많은 종류의 사주팔자를 어떻게 공부해야 할까? 이때 필요한 것이 정확한 눈금을 가진 저울이다. 정확한 눈금을 가진 저울만 있으면 어떤 사주든지 무게를 달 수 있다. 필요한 것은 천간과 지지 22글자이다. 천간과 지지에 대해서 제대로 알면 눈금이 정확한 자나 저울을 가진 것이 된다. 그렇게 되면 720개가 아닌 7,200개라도 구분할 수 있다. 어떤 사주를 만나더라도 두려움 없이 무게나 길이를 잴 수 있다.

시주	일주	월주	연주
노년 시절	중년 시절	청년 시절	어린 시절
실(實)	화(花)	묘(苗)	근(根)
부모로부터 독립		부모나 어른들이 통제	
주도적으로 살아가는 시기		교육 받으며 사는 시기	

원국에서 그릇의 종류와 크기가 정해진다. 그릇의 종류는 일간으로 정해지는 십신을 보면 된다. 그릇의 크기를 정해주는 것은 지지이다. 연간·월간·일간·시간의 글자를 팔자의 본부인 월지에 대입하고 다음 동주(同柱)의 지지에 대입하면 각 천간의 그릇의 크기를 파악할 수 있다. 이때 필요한 것이 12운성이다.

팔자는 천간과 지지로 되어 있다. 천간과 지지라는 본질을 제쳐놓고 형·충·파·해나 신살 그리고 십신 등 지엽적인 내용에 매달리는 경우가 많다. 근본(根本)이 약하면 지엽(枝葉)으로 흐르기 쉽다. 기본 체력을 기르지 않고 잔기술이나 기교에 집중하면 안 된다. 땅이 기름지면 무엇을 심어도 잘 자란다.

명리학도 실력이 있다면 같은 질문에 같은 답이 나와야 한다. 눈금이 정확한 저울을 가지고 있다면 어떤 물건이라도 무게를 정확히 잴 수 있다. 명리학을 공부할 때에도 팔자를 보는 정확한 눈금을 가진 저울을 가져야 한다.

명리학의 눈금은 간단하다. 봄·여름·가을·겨울, 아침·낮·저녁·밤의 변화, 즉 천간과 지지만 제대로 알면 된다. 천간은 사람의 생각·꿈·이상·야망·계획 등을 나타내고, 지지는 그 사람이 살아가는 현실, 즉 시간과 공간을 나타낸다. 결국 천간과 지지를 알면 그 사람의 생각과 현실을 알 수 있다.

나이스사주명리

다시 쓰는 명리학

천간(天干)

나이스자료랑 다시쏘는 명리학

...이론편...

천간(天干)

사주팔자는 태어날 때 각자에게 주어지는 시간표다. 시간표는 지켜져야 탈이 없다. 살면서 겪는 여러 가지 혼란은 대개 팔자와 운의 시간표를 지키지 않아서 생긴다. 학교나 직장의 시간표를 지키지 않았을 때 생기는 혼란과 같다.

천간	우주	오행 운동	10천간	甲乙丙丁戊己庚辛壬癸
지지	지구	사계절 운동	12지지	子丑寅卯辰巳午未申酉戌亥

천간	마음·생각·욕심	날씨처럼 수시로 변한다	무시할 수 없다
지지	발 딛고 사는 현실	쉽게 잘 변하지 않는다	무시할 수 없다

천간은 하늘의 운동이고 지지는 땅의 운동이다. 하늘의 날씨는 수시로 변한다. 오늘과 내일 날씨가 다르고, 아침과 낮 날씨가 다르다. 지지도 변하지만 천간에 비하면 변화의 속도가 무척 느리다.

천간과 지지 중에서 어느 것이 더 중요할까?

둘 다 중요하다. 현실[지지]을 떠나서는 살 수가 없고, 또 사람이 생각[천간] 없이 살 수도 없다. 나를 둘러싼 주변 환경이 지지 현실이고, 생각·주장·말·표정·계획·희망·의지 등은 천간이다.

소중한 친구는 마음[천간]이 통해야 하지만, 직장[지지]은 먹고 살기 위해 다닌다. 말[천간]을 믿지 말고 현실[지지]을 믿어야 한다. 하고 싶은 일[천간]은 현실[지지]에서 이루어지지 않는 경우가 많다.

현재[지지]를 직시하고 뜻[천간]을 펼쳐야 한다. 지지가 도와주지 않으면 천간은 무용지물(無用之物)이다. 천간[생각]은 쉽게 바꿀 수 있지만 지지[현실]는 쉽게 바꿀 수 없다. 생각과 현실이 다를 때는 생각을 현실에 맞추어야 한다. 천간을 지지에 맞춰야 한다.

지지는 천간의 지시를 따른다. 하늘의 뜻이 땅에서 이루어지려면 시간이 필요하다. 계획[천간]하고 실천[지지]한다. 계절의 변화는 땅[지지]보다 하늘[천간]에서 먼저 온다. 하기 싫은 일[천간]은 죽어도 못한다[지지]. 평안감사[지지]도 저 싫으면[천간] 못한다. 현실[지지]을 무시하고 꿈[천간]을 펼칠 수는 없다.

일상의 일들을 천간과 지지에 연결해 보자.

상담할 때 보면 현실을 무시하고 꿈을 꾸며 사는 사람이 많다.

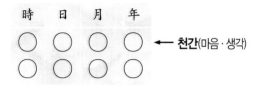

팔자는 천간과 지지로 되어 있다. 천간은 하늘과 같다. 하늘의 모습은 수시로 변한다. 즉, 천간은 단순하나 쉽게 바뀔 수 있다. 천간은 믿을 수가 없다. 말이나 글, 표정 등은 상황에 따라 쉽게 바뀌니 믿지 말자. 현실을 믿어야 한다. 벚나무에 벛꽃이 피려면 봄이 와야 한다.

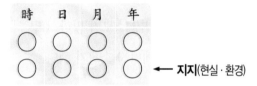

지지는 발을 딛고 살아가는 현실이다. 현실은 복잡하고 다양하다. 쉽게 바꿀 수 있는 영역이 아니다. 지지를 바꾸려고 하지 말고 지지를 믿고 의존하는 것이 좋다. 봄에는 봄꽃 구경을 가고, 가을에는 단풍 구경을 가면 실패할 확률이 줄어든다. 천간을 지지에 맞춰 사는 것이 현명하고 지혜롭다.

끼리끼리 어울린다. 유유상종(類類相從)이다. 동식물도 마찬가지다. 같은 직장의 동료들처럼 끼리끼리 어울리는 것이 편하고 자연스럽다. 그래야 에너지 소모가 적다. 음지식물은 음지식물끼리 어울리고, 양지식물은 양지식물끼리 어울린다.

양간인 甲丙戊庚壬이 함께 어울리고, 음간인 乙丁己辛癸도 함께 어울린다. 양간은 양간끼리, 음간은 음간끼리 어울린다. 천간은 천간끼리, 지지는 지지끼리 어울리게 된다.

오행의 상생상극도 양간은 양간끼리 음간은 음간끼리 어울린다. 甲木 다음에 丙火가 오고, 丙火 다음에 戊土가 오고, 戊土 다음에 庚金이 오고, 庚金 다음에 壬水가 오고, 壬水 다음에 甲木이 온다. 목생화라고 甲木과 丁火, 乙木과 丙火를 언급해서는 안 된다. 그것은 후차적인 문제로 자연스럽지 못하고 에너지 소모가 많다. 甲丙의 관계가 甲丁의 관계보다 훨씬 자연스럽고 에너지 소모가 적다.

음간도 마찬가지다. 乙木 다음에 丁火가 오고, 丁火 다음에 己土가 오고, 己土 다음에 辛金이 오고, 辛金 다음에 癸水가 오고, 癸水 다음에 乙木이 온다. 금생수일 때 辛金 다음에 癸水가 오면 자연스럽지만 辛金 다음에 壬水가 오면 자연스럽지 못하다. 무조건 오행의 상생상극을 외칠 것이 아니다.

상극에서도 양간은 양간끼리 상극하고 음간은 음간끼리 상극한다. 甲木은 戊土를 극하고, 戊土는 壬水를 극한다. 壬水는 丙火를 극하

고, 丙火는 庚金을 극한다. 그리고 庚金은 甲木을 극한다. 마찬가지
로 乙木은 己土를 극하고, 己土는 癸水를 극한다. 癸水는 丁火를 극
하고, 丁火는 辛金을 극한다. 그리고 辛金은 乙木을 극한다.

천간의 속성

양간은 안에서 밖으로 나가는 운동을 하고, 음간은 밖에서 안으로 들어오는 운동을 한다.

_木운동에는 甲木·乙木이 있는데 甲木이 양간이고 乙木이 음간이다.

_火운동은 丙火가 양간이고 丁火가 음간이다.

_土운동은 戊土가 양간이고 己土가 음간이다.

_金운동은 庚金이 양간이고 辛金이 음간이다.

_水운동은 壬水가 양간이고 癸水가 음간이다.

간단한 음간과 양간의 차이를 구분하지 못하고 오행으로 대충 얼버무리는 경우가 많다. 10년을 해도 사주팔자를 보면 자신감이 생기지 않는 이유이다. 기본이 중요하다.

오행	木		火		土		金		水	
천간	甲木	乙木	丙火	丁火	戊土	己土	庚金	辛金	壬水	癸水
음양	양	음	양	음	양	음	양	음	양	음

_양간 : 甲木 丙火 戊土 庚金 壬水 (양간은 양간끼리 어울린다)

_음간 : 乙木 丁火 己土 辛金 癸水 (음간은 음간끼리 어울린다)

음간(乙丁己辛癸)	양간(甲丙戊庚壬)
밖에서 안으로 들어간다	안에서 밖으로 나간다

자연은 음양 운동을 통해 생명을 유지한다. 음양 운동은 올라간 만큼 내려오고, 내려온 만큼 올라간다. 또 확산한 만큼 응축하고, 응축한 만큼 확산한다. 음양이 균형을 이루어야 활력과 생명력이 생긴다.

_甲木이 확산 상승하면, 乙木은 응축 하강한다.

_丙火가 더 확산 더 상승하면, 丁火는 더 응축 더 하강한다.

_戊土는 더 확산 더 상승 운동을 응축 하강 운동으로 바꾸고,

乙土는 더 응축 더 하강 운동을 확산 상승 운동으로 바꾼다.

_庚金이 응축 하강하면, 辛金은 확산 상승한다.

_壬水가 더 응축 더 하강하면, 癸水는 더 확산 더 상승한다.

_甲木이 안에서 밖으로 나오면, 乙木은 밖에서 안으로 들어간다.

_丙火가 안에서 밖으로 나오면, 丁火는 밖에서 안으로 들어간다.

_戊土가 안에서 밖으로 나오면, 己土는 밖에서 안으로 들어간다.

_庚金이 안에서 밖으로 나오면, 辛金은 밖에서 안으로 들어간다.

_壬水가 안에서 밖으로 나오면, 癸水는 밖에서 안으로 들어간다.

다시 정리하면 다음과 같다.

甲木은 안에서 밖으로 나가면서 확산 상승 운동을 하고, 乙木은 밖에서 안으로 들어가면서 응축 하강 운동을 한다. 甲木이 나가면 乙木이 들어오고, 甲木이 올라가면 乙木이 내려오며 木운동을 완성한다.

丙火는 안에서 밖으로 나가면서 더 확산 더 상승 운동을 하고, 丁火는 밖에서 안으로 들어가면서 더 응축 더 하강하는 속성을 가지고 있다. 丙火가 더 확산 운동하면 丁火는 더 응축 운동을 하고, 丙火가 더 상승하면 丁火는 더 하강한다.

戊土는 丙火의 더 확산 더 상승 운동을 멈추고 庚金의 응축 하강 운동을 돕는다. 己土는 丁火의 더 응축 더 하강 운동을 멈추고 辛金의 확산 상승 운동을 돕는다. 즉, 戊土는 더 확산 더 상승 운동을 응축 하강 운동으로 전환하고, 己土는 더 응축 더 하강 운동을 하는 운동을 확산 상승 운동으로 전환한다. 戊土와 己土가 있어서 우주의 순환 반복운동이 가능해진다.

庚金은 안에서 밖으로 나가면서 응축 하강 운동을 하고, 辛金은 밖에서 안으로 들어가면서 확산 상승 운동을 한다. 庚金이 나가면 辛金은 들어가고, 庚金이 응축 하강하면 辛金은 확산 상승한다.

壬水는 안에서 밖으로 나가면서 더 응축 더 하강 운동을 하고, 癸水는 밖에서 안으로 들어가면서 더 확산 더 상승하는 속성을 가지고 있다. 壬水가 나가면 癸水는 들어가고, 壬水가 더 응축 더 하강하면 癸水는 더 확산 더 상승한다.

다음 표에 나오는 간단한 천간의 속성을 모르는 경우가 많다.

천간의 속성	
甲木(辛金)	확산 상승
丙火 戊土(癸水)	더 확산 더 상승
庚金(乙木)	응축 하강
壬水(丁火 己土)	더 응축 더 하강

천간을 다시 한 번 정리해 보자.

_甲木 갑목

甲木은 더 응축 더 하강 운동을 하는 壬水로부터 배턴을 받는다. 壬水는 더 응축 더 하강 운동을 하는 속성이 강하므로 甲木의 확산 상승 운동에 도움이 되지 않는다. 만일 壬水가 강하면 甲木의 확산 상승 운동은 힘들 수밖에 없다. 甲木의 힘이 壬水보다 강하면 壬水를 이기고 확산 상승 운동을 할 수 있을 것이다. 천간의 강약을 결정하는 것은 지지이다.

_乙木 을목

乙木은 더 확산 더 상승 운동을 하는 癸水로부터 배턴을 받는다. 癸水는 더 확산 더 상승 운동을 하는 성향이 있으므로 乙木의 응축 하강 운동에 장애가 된다. 癸水의 힘이 강하면 乙木의 응축 하강 운동은 더디고, 癸水가 약하고 乙木의 힘이 강하면 乙木은 癸水를 이기고 응축 하강 운동을 할 것이다. 역시 천간 힘의 결정은 지지가 한다.

_丙火 병화

丙火는 확산 상승하는 속성을 가진 甲木을 디딤돌로 삼아 더 확산 더 상승하는 속성을 가지고 있다. 丙火가 형이라면 甲木은 동생이다. 甲木과 丙火가 어떤 지지에 있는지에 따라 확산 상승 운동의 속도가 결정된다. 甲木이 더 강하면 丙火의 속도가 느리고, 丙火가 더 강하면 丙火의 더 확산 더 상승 운동이 빨라진다.

_丁火 _{정화}

丁火는 응축 하강하는 乙木을 기반으로 더 응축 더 하강하는 속성을 가지고 있다. 丁火가 형이라면 乙木은 동생이다. 乙木의 힘과 丁火의 힘의 강약에 따라서 응축 하강하는 속도가 결정된다. 乙木과 丁火 힘의 세기 결정은 지지가 한다.

_戊土 _{무토}

戊土는 丙火의 더 확산 더 상승 운동을 멈추게 하고 응축 하강하는 속성을 가진 庚金을 돕는다. 戊土는 산의 정상과 같다. 올라가는 운동을 내려가는 운동으로 바꾸는 것이 戊土이다. 戊土와 己土는 환절기나 커브길과 같아서 전반부와 후반부 운동이 다르다. 戊土와 己土로 인하여 우주의 순환 반복운동이 가능해진다.

_己土 _{기토}

己土는 더 응축 더 하강 운동을 하는 丁火를 멈추게 하고 확산 상승하는 辛金을 돕는다. 己土는 바닥과 같다. 하강 운동을 상승 운동으로 바꾸는 것이 己土다. 己土와 戊土는 환절기나 커브길과 같아서 전반부와 후반부 운동이 다르다. 戊土와 己土로 인하여 우주의 순환 반복 운동이 가능해진다.

_庚金 _{경금}

확산 상승 운동을 응축 하강 운동으로 바꾼 戊土의 도움으로 庚金은

응축 하강하는 속성을 가지고 있다. 戊土가 강하면 庚金의 응축 하강
운동은 느리고, 庚金이 戊土보다 더 강하면 응축 하강 운동은 활력을
얻는다. 천간의 힘의 결정은 지지가 한다.

_辛金 신금

확산 상승하는 辛金은 己土의 도움을 받는다. 己土는 丁火의 더 응축
더 하강 운동을 억제하고 辛金의 확산 상승 운동을 돕는다. 모든 천간
의 힘의 강약은 지지가 결정한다.

_壬水 임수

壬水는 응축 하강하는 속성을 가진 庚金의 도움을 받는다. 壬水의 속
성은 더 응축 더 하강이다. 庚金과 壬水의 힘의 강약에 따라 응축 하강
운동의 속도가 결정된다. 庚金이 壬水보다 더 강하면 壬水의 더 응축
더 하강 운동은 느려진다. 壬水가 庚金보다 더 강하면 壬水의 더 응축
더 하강 운동은 빨라진다.

_癸水 계수

癸水는 확산 상승하는 辛金의 도움을 받는다. 癸水의 속성은 더 확산
더 상승이다. 천간의 글자만 가지고 좋거나 나쁘다고 말할 수 없다.
각 천간의 속성이 모두 다르고, 또 천간은 지지에 따라 힘의 세기가
결정되기 때문이다.

천간 음양의 짝

甲木과 辛金은 음양의 짝이다.

甲木과 辛金은 아침이나 봄, 즉 寅卯辰에서 록왕쇠로 주도권을 잡는다. 주도권을 잡는 록왕쇠에서는 가장 바쁘게 일한다. 寅卯辰은 확산 상승 운동이 일어나는 시기이다. 이 시기에는 甲木이 밖을 담당하고 辛金이 안을 담당하며 나머지 천간들을 주도한다.

丙火와 癸水는 음양의 짝이다.

丙火와 癸水는 낮이나 여름, 즉 巳午未에서 록왕쇠로 주도권을 잡는다. 주도권을 잡는 록왕쇠에서는 가장 바쁘게 일한다. 巳午未는 더 확산 더 상승 운동이 일어나는 시기다. 밖은 丙火가 담당하고 안은 癸水가 담당하며 나머지 천간들을 주도한다.

戊土와 癸水는 더 확산 더 상승 운동을 하는 巳午未에서 주도권을 잡는다. 午火는 더 확산 더 상승이 응축 하강 운동으로 바뀌는 때다. 午火에서 일음(一陰)이 시작된다. 戊土는 더 확산 더 상승 운동을 하는 丙火를 멈추게 하고 응축 하강하는 속성을 가진 庚金을 돕는다. 낮이 저녁으로 넘어가고, 여름이 가을로 넘어가는 시기이다. 밖은 戊土가 담당하고, 안은 癸水가 담당한다.

庚金과 乙木은 음양의 짝이다.

庚金과 乙木은 저녁과 가을, 즉 申酉戌에서 록왕쇠로 주도권을 잡는다. 주도권을 잡은 록왕쇠에서는 가장 바쁘게 일한다. 申酉戌 시기에는 응축 하강 운동이 본격화된다. 안이 없는 밖은 없고, 밖이 없는 안도 없다. 庚金의 안에는 乙木이 항상 함께 다닌다.

壬水와 丁火 그리고 己土는 밤이고 겨울의 시기로 亥子丑에서 록왕쇠로 주도권을 잡는다. 주도권을 잡은 록왕쇠에서는 가장 바쁘게 일한다. 이 시기에는 더 응축하고 더 하강하는 운동이 강해진다. 더 응축 더 하강 운동으로 인해 볼품은 없지만 실속은 있다.

丁火와 己土는 엄밀히 말해 다르다.

丁火는 더 응축 더 하강 운동을 하는데 己土는 丁火의 운동을 억제하고 확산 상승하는 辛金을 돕는다.

계절	양간(안에서 밖으로)	음간(밖에서 안으로)
봄	甲木	辛金
여름	丙火 戊土	癸水
가을	庚金	乙木
겨울	壬水	丁火 己土

甲木과 辛金, 丙火와 癸水, 庚金과 乙木, 壬水와 丁火가 음양 관계이다. 戊土와 癸水, 壬水와 己土도 음양 관계로 비슷하게 취급한다.

	생욕대(相)	록왕쇠(旺)	병사묘(休)	절태양(囚)
寅卯辰 운	丙火 戊土 癸水	甲木 辛金	壬水 丁火 己土	庚金 乙木
巳午未 운	庚金 乙木	丙火 戊土 癸水	甲木 辛金	壬水 丁火 己土
申酉戌 운	壬水 丁火 己土	庚金 乙木	丙火 戊土 癸水	甲木 辛金
亥子丑 운	甲木 辛金	壬水 丁火 己土	庚金 乙木	丙火 戊土 癸水

◎생욕대 : 일이 점점 많아지면서 바빠진다.(相)

◎록왕쇠 : 가장 일이 많은 시기로 무척 바쁘다.(旺)

◎병사묘 : 일이 점차 줄어들어 한가해진다.(休)

◎절태양 : 일이 없는 시기로 개인적인 일을 할 수 있다.(囚)

_甲木 갑목(辛金과 짝을 이루어 음양 관계를 이룬다)

甲木	寅	卯	辰	巳	午	未	申	酉	戌	亥	子	丑
	건록	제왕	쇠	병	사	묘	절	태	양	장생	목욕	관대

甲木은 양간으로 안에서 밖으로 나가면서 확산 상승하는 활동을 한
다. 이때 밖에서 안으로 들어가며 甲木과 음양 관계를 이루는 천간은
辛金이다.

甲木은 酉에서 잉태한 후 戌亥子丑에서 양·장생·목욕·관대를 거친
다. 그리고 寅卯에서 건록·제왕에 도달한다.

甲木은 제왕에 이르는 卯에서 乙木에게 배턴을 넘기고 辰巳午未부터
는 쇠·병·사·묘가 되며, 申에서 절이 되고 酉에서 태가 된다.

_乙木 을목(庚金과 짝을 이루어 음양 관계를 이룬다)

乙木	寅	卯	辰	巳	午	未	申	酉	戌	亥	子	丑
	절	태	양	장생	목욕	관대	건록	제왕	쇠	병	사	묘

乙木은 음간으로 밖에서 안으로 들어오면서 응축 하강하는 운동을
한다. 이때 안에서 밖으로 나가며 乙木과 음양 관계를 이루는 천간은
庚金이다.

乙木은 甲木에게 卯에서 배턴을 받는다. 이때가 태이다. 음간은 록왕
으로 힘이 강해질수록 안으로 깊이 들어가서 보이지 않게 된다. 보이
지 않는다고 없는 것은 아니다. 甲木이 제왕에 이른 卯에서 乙木은 태

가 된다. 태는 막 음양이 수정된 시기이다.

乙木은 辰巳午未를 거치면서 양·장생·목욕·관대로 힘을 얻어간다. 申酉에서 록왕에 이른 乙木은 戌亥子丑으로 가면서 쇠·병·사·묘가 된다.

_丙火병화(癸水와 짝을 이루어 음양 관계를 이룬다)

丙火	寅	卯	辰	巳	午	未	申	酉	戌	亥	子	丑
	장생	목욕	관대	건록	제왕	쇠	병	사	묘	절	태	양

丙火는 안에서 밖으로 나가며 더 확산 더 상승하는 속성을 가지고 있다. 이때 밖에서 안으로 들어가며 丙火와 짝을 이루는 천간은 癸水이다. 丙火는 子에서 잉태하여 丑寅卯에서 양·장생·목욕이 된다. 그리고 辰巳午에서 관대·건록·제왕에 이르면 확산 상승 운동이 활발해진다. 丙火는 午에서 배턴을 丁火에게 넘기고 未申酉戌에 이르면서 쇠·병·사·묘로 일을 마무리한다. 그리고 亥子에서 절태로 휴식을 취하며 충전을 한다.

_丁火정화(壬水와 짝을 이루어 음양 관계를 이룬다)

丁火	寅	卯	辰	巳	午	未	申	酉	戌	亥	子	丑
	병	사	묘	절	태	양	장생	목욕	관대	건록	제왕	쇠

丁火는 밖에서 안으로 들어오는 활동을 한다. 이때 안에서 밖으로 나

오며 丁火와 음양 관계를 이루는 천간은 壬水다.

丁火는 더 응축 더 하강하는 속성을 가지고 있다. 음간이 힘을 얻으면 안으로 더욱 더 들어간다. 丁火는 丙火가 제왕에 이르는 午에서 잉태한다. 未申酉戌亥에서 양·장생·목욕·관대·건록을 거친다.

丁火가 힘이 강해지면 더 응축 더 하강 운동이 심해진다. 丁火는 子에서 제왕이 되는데, 이때 丙火에게 배턴을 넘긴 丁火는 丑寅卯辰을 거치며 쇠·병·사·묘로 일을 마무리한다. 그리고 巳午에서 절태로 휴식과 충전을 한다.

_戊土무토(癸水와 짝을 이루어 음양 관계를 이룬다)

戊土	寅	卯	辰	巳	午	未	申	酉	戌	亥	子	丑
	장생	목욕	관대	건록	제왕	쇠	병	사	묘	절	태	양

戊土는 火土동법에 의해 丙火와 12운성을 같이 쓴다. 이때 밖에서 안으로 들어가며 戊土와 음양 관계를 이루는 천간은 癸水이다.

戊土는 더 확산 더 상승 운동하는 丙火를 멈추게 하고 응축 하강 운동으로 바꾼다. 子에서 己土에게 배턴을 받아 잉태한 戊土는 丑寅卯를 거치며 양·장생·목욕을 거친다.

戊土는 辰巳午에서 관대·건록·제왕에 이른 후 未에서 쇠를 거쳐 申酉戌로 병사묘로 간다. 그리고 丙火처럼 亥子에서 절태로 휴식과 충전을 한다.

_己土 기토(壬水와 짝을 이루어 음양 관계를 이룬다)

己土	寅	卯	辰	巳	午	未	申	酉	戌	亥	子	丑
	병	사	묘	절	태	양	장생	목욕	관대	건록	제왕	쇠

己土는 火土동법에 의해 丁火와 12운성을 같이 쓴다. 己土는 丁火처럼 더 응축 더 하강하는 속성을 가지고 있다.

己土는 午에서 戊土로부터 배턴을 받아 활동을 시작한다. 이때가 태이다. 未申酉戌에서 己土는 양·장생·목욕·관대가 되고, 亥子에서 건록·제왕에 이른다. 己土 역시 밖에서 안으로 들어오는 활동을 한다. 이때 안에서 밖으로 나오며 己土와 비슷하게 음양 관계를 이루는 천간은 壬水이다.

己土는 丁火처럼 壬水와 짝을 이루니, 밖에서는 壬水가 활동하고 안에서는 己土와 丁火가 활동을 한다. 음간이 힘을 받으면 안으로 들어가게 되어서 보이지 않는다.

_庚金 경금(乙木과 짝을 이루어 음양 관계를 이룬다)

庚金	寅	卯	辰	巳	午	未	申	酉	戌	亥	子	丑
	절	태	양	장생	목욕	관대	건록	제왕	쇠	병	사	묘

庚金은 안에서 밖으로 나오며 응축 하강 운동을 한다. 이때 밖에서 안으로 들어가며 庚金과 음양 관계를 이루는 천간은 乙木이다.

庚金은 卯에서 잉태한 후 辰에서 양이 되고, 巳午未에서 장생·목욕·관대가 된다. 庚金은 申酉에서 건록·제왕이다.

응축 하강하는 속성을 가진 庚金이 힘을 얻으면 세상은 작아지고 단
단해진다. 酉에서 제왕에 이른 庚金은 辛金에게 배턴을 넘기고 물러
나기 시작한다.

庚金은 戌亥子丑에서 쇠·병·사·묘를 지나 寅卯에서 절태가 된다.
나오면 들어가고, 올라가면 내려오는 것이 자연의 법칙이다.

_辛金 신금 (甲木과 짝을 이루어 음양 관계를 이룬다)

辛金	寅	卯	辰	巳	午	未	申	酉	戌	亥	子	丑
	건록	제왕	쇠	병	사	묘	절	태	양	장생	목욕	관대

辛金은 酉에서 잉태한다. 그리고 戌에서 양이 되고 亥子丑을 거치면
서 장생·목욕·관대가 된다. 음간인 辛金이 힘을 받으면 밖에서 안으
로 들어간다. 이때 안에서 밖으로 나오며 辛金과 짝을 이루는 천간은
甲木이다.

甲木이 밖으로 나가면서 확산 상승 운동을 하면 음간인 辛金은 안으
로 들어가며 확산 상승 운동을 한다.

辛金은 寅卯에서 건록·제왕에 이르는데, 제왕에 이른 卯에서 庚金에
게 배턴을 넘긴다. 그리고 辰巳午未로 가면서 쇠·병·사·묘로 물러나
고, 申酉에서 절태가 되어 휴식하며 충전한다.

_壬水임수(丁火 또는 己土와 짝을 이루어 음양 관계를 이룬다)

壬水	寅	卯	辰	巳	午	未	申	酉	戌	亥	子	丑
	병	사	묘	절	태	양	장생	목욕	관대	건록	제왕	쇠

壬水는 양간이니 안에서 밖으로 나가며 더 응축 더 하강하는 속성을 가지고 있다. 이때 밖에서 안으로 들어가며 壬水와 음양 관계를 이루는 천간은 丁火와 己土이다.

壬水가 힘을 받으면 세상은 더 응축 더 하강하게 된다. 壬水는 午에서 잉태한다. 그리고 未에서 양이 되고 申酉戌에서 장생·목욕·관대를 거치면서 亥子에서 건록·제왕에 이른다.

壬水가 힘이 강해지면 더 응축 더 하강 운동이 활발해진다. 子에서 제왕에 이른 壬水는 丑寅卯辰에서 쇠·병·사·묘로 일을 마무리한다. 그리고 巳午에서 절태가 되어 휴식하며 충전을 한다.

_癸水계수(丙火 또는 戊土와 짝을 이루어 음양 관계를 이룬다)

癸水	寅	卯	辰	巳	午	未	申	酉	戌	亥	子	丑
	장생	목욕	관대	건록	제왕	쇠	병	사	묘	절	태	양

癸水는 밖에서 안으로 들어가며 더 확산 더 상승하는 속성을 가지고 있다. 이때 안에서 밖으로 나가며 癸水와 음양 관계를 이루는 천간은 丙火이다.

음간은 밖에서 안으로 들어가며 활동하니 힘이 강해질수록 외부에서 보이지 않는다. 보이지 않는다고 음간을 무시하여 오늘날 오행 중심의 명리학을 만들었다. 오행 중심 명리학은 음간을 무시하고 양간만을 이야기한다. 제대로 된 답이 나올 리가 없다.

癸水는 子에서 잉태를 한다. 그리고 丑寅卯辰을 거치며 양·장생·목욕·관대가 된다. 癸水의 더 확산 더 상승 운동이 힘을 발휘하는 시기이다.

癸水는 巳午에서 건록·제왕에 이르게 되고, 午에서 壬水에게 배턴을 넘긴다. 배턴을 넘기고 癸水는 未申酉戌를 거치며 쇠·병·사·묘로 일을 마무리한다. 그리고 亥子에서 절태가 되어 휴식하며 충전을 한다.

지지(地支)

나이스사주명리 다시 쓰는 명리학

...이론편...

지지(地支)

　지구는 사계절 운동을 한다. 각 계절을 세 개씩 나누면 12지지가 된다. 寅卯辰, 巳午未, 申酉戌, 亥子丑이 그것이다. 지지는 시간과 공간을 나타낸다. 팔자 상담할 때 시간이나 공간을 물어보는 경우가 있는데 지지를 가지고 대답하면 된다.

　명리학을 공부할 때 주의할 점이 있다. 한자(漢字) 자체에 집착하지 말고 글자가 나타내는 자연 운동을 이해해야 한다는 사실이다. 예를 들면 寅木은 봄이나 아침을 여는 시간이나 공간이다. 한자 寅을 파자(破字)하여 분석하거나 호랑이를 설명하면 안 된다. 명리학의 출발이 중국에서 비롯되어서 한자를 사용했을 뿐이다. 주의해야 할 일이다.

양(陽)						음(陰)					
봄(春)			여름(夏)			가을(秋)			겨울(冬)		
寅	卯	辰	巳	午	未	申	酉	戌	亥	子	丑
木	木	土	火	火	土	金	金	土	水	水	土
호랑이	토끼	용	뱀	말	양	원숭이	닭	개	돼지	쥐	소
입춘	경칩	청명	입하	망종	소서	입추	백로	한로	입동	대설	소한
우수	춘분	곡우	소만	하지	대서	처서	추분	상강	소설	동지	대한
양력 2월 ~ 4월			양력 5월 ~ 7월			양력 8월 ~ 10월			양력 11월 ~ 1월		
새벽 3시 ~ 아침 9시			아침 9시 ~ 오후 3시			오후 3시 ~ 밤 9시			밤 9시 ~ 새벽 3시		
확산 상승			더 확산 더 상승			응축 하강			더 응축 더 하강		
밝고 따뜻하다			매우 밝고 뜨겁다			어둡고 춥다			매우 어둡고 춥다		

봄에는 寅木과 卯木이 있고, 봄에서 여름으로 넘어가는 환절기에 辰土가 있다. 여름에는 巳火와 午火가 있고, 未土는 여름을 마무리하고 가을로 이어준다. 가을에는 申金과 酉金이 있고, 戌土는 가을을 마무리하며 겨울로 이어준다. 겨울은 亥水와 子水가 있고, 丑土는 겨울의 끝과 봄의 시작을 연결한다.

봄 / 아침			여름 / 낮			가을 / 저녁			겨울 / 밤		
寅	卯	辰	巳	午	未	申	酉	戌	亥	子	丑
확산 상승 운동			더 확산 더 상승 운동			응축 하강 운동			더 응축 더 하강 운동		

寅木과 巳火 그리고 申金과 亥水는 봄·여름·가을·겨울을 시작하고, 아침·낮·저녁·밤을 시작하는 글자이다. 생지(生地)라고 한다. 卯木과 午火 그리고 酉金과 子水는 봄·여름·가을·겨울 각 계절이 가장 왕성한 시기로 왕지(旺地)라고 한다. 辰土와 未土 그리고 戌土와 丑土는 환절기처럼 하나의 계절을 다음 계절로 연결한다. 묘지(墓地) 또는 고지(庫地)라고 한다.

	봄	여름	가을	겨울
생지	寅	巳	申	亥
왕지	卯	午	酉	子
묘지(고지)	辰	未	戌	丑

생지에 있는 寅巳申亥나 왕지에 있는 卯午酉子 그리고 묘지에 있는 辰未戌丑은 글자마다 나타내는 시간과 공간이 다르므로 지지 하나하나 잘 정리해 둘 필요가 있다. 두리뭉실하게 생지·왕지·묘지가 어떻다는 식으로 말하면 안 된다.

지지 운의 흐름

_寅卯辰인묘진 ∴ 확산과 상승

寅卯辰은 봄이고 아침이다.

寅卯辰에서는 확산과 상승 운동이 일어나는 시기로 甲木과 辛金이 록왕쇠로 주도권을 잡는다. 주도권을 잡고 일하는 시기는 가장 바쁜 시기로 여유를 낼 틈이 없다.

寅卯辰은 씨를 뿌리는 시기니 수확을 기대하면 안 된다. 시작하는 마음으로 열심히 노력하면 좋다.

寅卯辰은 어린 시절을 나타내고 새싹이 돋아나서 자라는 시기이다. 동쪽을 나타낸다.

_巳午未 사오미 : 더 확산 더 상승

巳午未는 여름이고 낮이다.

巳午未에서는 더 확산 더 상승이 일어나는 시기로 丙火와 戊土, 癸水가 록왕쇠로 주도권을 잡는다. 주도권을 잡고 일하는 시기는 가장 바쁜 시기로 여유를 낼 틈이 없다.

巳午未에서는 땀 흘려 일해야 한다. 일한 만큼 申酉戌에서 보상을 받게 된다. 가장 활발한 확산 상승 활동이 일어나는 시기지만 아직 수확을 기대하면 안 된다.

巳午未는 청년 시절을 나타내고 울창한 숲을 이루는 시기이다. 남쪽을 나타낸다.

_申酉戌 신유술 : 응축 하강

申酉戌은 가을이고 저녁이다.

申酉戌에서는 응축 하강 운동이 일어난다. 庚金과 乙木이 록왕쇠로 주도권을 잡는다. 주도권을 잡고 일하는 시기는 가장 바쁜 시기로 여유를 낼 틈이 없다.

申酉戌은 수확의 시기인데 수확은 寅卯辰과 巳午未에서 일한 만큼 얻는다. 응축 하강하는 시기는 외형은 초라해지고 결실이 있다.

申酉戌은 중년 시절을 나타내고 단풍 들고 낙엽 지는 시기이다. 서쪽을 나타낸다.

_亥子丑해자축 ： 더 응축 더 하강

亥子丑은 겨울이고 밤이다.

亥子丑은 움직임이 없이 조용하다. 壬水와 丁火, 己土가 록왕쇠로 주도권을 잡는다. 주도권을 잡고 일하는 시기는 가장 바쁜 시기로 여유를 낼 틈이 없다.

亥子丑에서는 더 응축 더 하강 운동이 일어나니 화려함은 없어지고 외형은 더욱 볼품이 없어진다. 잠을 자며 휴식 충전하는 시기이다.

亥子丑은 노년 시절을 나타내고, 잎이 다 떨어지고 가지만 앙상하게 남아 있는 시기이다. 북쪽을 나타낸다.

양(陽)		음(陰)	
寅卯辰	巳午未	申酉戌	亥子丑
확산 상승	더 확산 더 상승	응축 하강	더 응축 더 하강
봄	여름	가을	겨울
아침	낮	저녁	밤
출근	활동	퇴근	잠
어린 시절	청년 시절	중년 시절	노년 시절

천간의 토(土)와 지지의 토(土)

천간과 지지는 다르다. 지축의 기울기 때문이다.

명리학은 제대로 된 교육과정이 없어서 체계적인 교육을 받지도 않고 사주풀이를 하려고 하는 경우가 많다. 마치 초·중·고 학교도 졸업하지 않은 어린이가 돈을 벌겠다고 나서는 격이다. 그래서 음양이나 천간과 지지를 구분하지 못하는 경우가 많다.

천간의 토(土)는 戊土와 己土가 있다. 양간인 甲丙戊庚壬의 가운데에 戊土가 있고, 음간인 乙丁己辛癸의 가운데에 己土가 있다.

戊土든 己土든 土는 방향을 전환한다. 戊土는 더 확산 더 상승 운동을 응축 하강 운동으로 전환하고, 己土는 더 응축 더 하강 운동을 확산 상승 운동으로 전환한다.

戊土는 더 확산 더 상승 운동을 하는 丙火 운동에 제동을 걸어 응축 하강하는 속성을 가진 庚金을 돕는다. 己土는 더 응축 더 하강 운동을 하는 丁火의 운동에 제동을 걸어 확산 상승하는 辛金을 돕는다. 丙戊庚이 정상에 있다면, 丁己辛은 바닥에 있다. 戊土와 己土가 있어서 우주는 순환 반복운동을 할 수 있다.

戊土	丙火의 더 확산 더 상승 운동을 멈추고 응축 하강 운동하는 庚金으로 이어준다	산의 정상에 위치
己土	丁火의 더 응축 더 하강 운동을 멈추고 확산 상승 운동하는 辛金으로 이어준다	산의 계곡에 위치

지지의 토(土)는 다르다. 辰未戌丑 네 개가 있다. 辰未戌丑은 완전히 다른 시간과 공간을 의미한다. 대충 오행으로 土라고 넘겨서는 안 된다. 명리학이 학문으로 정착하지 못하는 이유가 오행 중심 명리학 때문이다. 방향을 전환해 준다는 의미에서 천간과 지지의 土는 같다.

丑土는 겨울에서 봄으로 가고, 밤에서 아침으로 이어가는 시기이다. 辰土는 봄에서 여름으로 가고, 아침에서 낮으로 이어지는 시기이다. 未土는 여름에서 가을로 가고, 낮에서 저녁으로 이어지는 시기이다. 戌土는 가을에서 겨울로 가고, 저녁에서 밤으로 이어지는 시기이다.

지지의 土	辰	未	戌	丑
하루	아침에서 낮으로	낮에서 저녁으로	저녁에서 밤으로	밤에서 아침으로
일 년	봄에서 여름으로	여름에서 가을로	가을에서 겨울로	겨울에서 봄으로

왕상휴수(旺相休囚)

명리학은 중국에서 탄생했기에 한자(漢字)로 되어 있다. 한자로 되어 있어서 쉬운 내용도 어렵게 설명되는 경우가 많다.

왕상휴수에서 왕(旺)은 활동, 상(相)은 출근, 휴(休)는 퇴근, 수(囚)는 잠으로 이해하면 좋다.

봄	여름	가을	겨울
아침	낮	저녁	밤
출근	활동	퇴근	휴식
상(相)	왕(旺)	휴(休)	수(囚)
장생 목욕 관대	건록 제왕 쇠	병 사 묘	절 태 양
지살 연살 월살	망신살 장성살 반안살	역마살 육해살 화개살	겁살 재살 천살

상(相)은 일하기 위해 출근하는 시기이다. 12운성 장생·목욕·관대에 해당하고, 12신살 지살·연살·월살에 해당한다.

왕(旺)은 가장 열심히 일하는 때이다. 12운성 건록·제왕·쇠에 해당하고, 12신살 망신살·장성살·반안살에 해당한다.

휴(休)는 퇴근하는 때로 일을 마무리하는 시기이다. 12운성 병·사·묘에 해당하고, 12신살 역마살·육해살·화개살에 해당한다.

수(囚)는 잠자면서 휴식 충전하는 시기이다. 12운성 절·태·양에 해당하고, 12신살 겁살·재살·천살에 해당한다.

왕상휴수	왕(旺)	상(相)	휴(休)	수(囚)
12운성	록 왕 쇠	생 욕 대	병 사 묘	절 태 양
상태	일이 가장 많은 시기	일이 점점 많아진다	일이 점점 적어진다	일이 거의 없다
寅卯辰(봄)	甲木 辛金	丙火 戊土 癸水	壬水 丁火 己土	庚金 乙木
巳午未(여름)	丙火 戊土 癸水	庚金 乙木	甲木 辛金	壬水 丁火 己土
申酉戌(가을)	庚金 乙木	壬水 丁火 己土	丙火 戊土 癸水	甲木 辛金
亥子丑(겨울)	壬水 丁火 己土	甲木 辛金	庚金 乙木	丙火 戊土 癸水

봄, 아침	여름, 낮	가을, 저녁	겨울, 밤
寅卯辰	巳午未	申酉戌	亥子丑
확산 상승	더 확산 더 상승	응축 하강	더 응축 더 하강
甲木과 辛金이 록왕쇠(旺)	丙火와 戊土와 癸水가 록왕쇠(旺)	庚金과 乙木이 록왕쇠(旺)	壬水와 丁火와 己土가 록왕쇠(旺)
丙火와 戊土와 癸水가 생욕대(相)	庚金과 乙木이 생욕대(相)	壬水와 丁火와 己土가 생욕대(相)	甲木과 辛金이 생욕대(相)
庚金과 乙木이 절태양(囚)	壬水와 丁火와 己土가 절태양(囚)	甲木과 辛金이 절태양(囚)	丙火와 戊土와 癸水가 절태양(囚)
壬水와 丁火와 己土가 병사묘(休)	甲木과 辛金이 병사묘(休)	丙火와 戊土와 癸水가 병사묘(休)	庚金과 乙木이 병사묘(休)

명리학이 어려울 리가 없고 어려워서도 안 된다. 우리에게 익숙한 자연의 법에 기반을 두고 있기 때문이다. 자연의 법은 봄·여름·가을·겨울의 변화이고, 아침·낮·저녁·밤의 변화이다. 자연의 법은 이 세상 어느 법보다 강력하다. 어느 시대 어느 국가의 법, 어느 종교단체의 법도 모두 자연의 법 아래에 있다.

자연의 법은 음과 양이 50 : 50이다. 그러나 인간의 역사는 양을 중시하고 음을 무시해 왔다. 민주주의 선진국들도 여자는 어린이처럼 보호 대상이었다. 처음에는 여자들에게 선거권도 주지 않았다. 양을 중시하고 음을 무시하는 이런 생각은 음양을 공부하는 명리학에도 그대로 스며들어 있다. 자연의 법칙은 음과 양은 50 : 50이다. 음과 양을 대등하게 여길 때 많은 명리학의 문제들뿐 아니라 삶에서의 문제들도 해결될 것이다.

음과 양이 대등할 때 조직이나 개인 모두 활력과 생명력을 갖는다. 양 운동과 음 운동은 순환 반복운동을 한다. 따라서 어느 것이 먼저이고 어느 것이 나중인지 알 수 없다. 양 운동이 정점에 달했을 때 음 운동이 시작되고, 음 운동이 정점에 달했을 때 양 운동이 시작된다. 봄·여름·가을·겨울의 변화도 마찬가지이다. 봄이 정점에 도달했을 때 여름은 시작된다. 마찬가지로 여름이 정점에 도달했을 때 가을이 시작되고, 가을이 정점에 도달했을 때 겨울이 시작된다. 따라서 여름의 앞부분은 봄과 겹치고, 여름의 뒷부분은 가을과 겹친다. 나머지도 모두 마찬가지다.

木火土金水 오행도 마찬가지이다. 木운동이 정점에 도달했을 때 火운동이 시작되고, 火운동이 정점에 도달했을 때 土운동이 시작된다. 그리고 土운동이 정점에 도달했을 때 金운동이 시작되고, 金운동이 정점에 도달했을 때 水운동이 시작된다. 木운동의 앞부분은 水운동과 겹치고, 木운동의 뒷부분은 火운동과 겹치니 사실상 순수한 木운동이나 火운동은 없는 셈이다. 다른 오행도 마찬가지이다.

천간이나 지지도 마찬가지이다. 甲木의 앞부분은 癸水와 겹치고, 甲木의 뒷부분은 乙木과 겹친다. 丑土의 앞부분은 子水와 겹치고, 丑土의 뒷부분은 寅木과 겹친다. 다른 천간이나 지지도 마찬가지이다.

2023년은 癸卯년이다. 癸卯년의 앞부분은 2022년의 壬寅년과 겹치고, 癸卯년의 뒷부분은 甲辰년과 겹친다. 글자 상으로는 2023년생은 모두 癸卯年으로 쓰지만, 전반부는 壬寅년과 섞여 있고 후반부는 甲辰년과 섞여 있다. 그래서 글자를 보고 자연의 변화를 읽어야 한다. 글자에 집착하면 안 된다.

오행(五行)의
상생상극(相生相剋)

나이스서주명과 다시 쓰는 명리학

...이론편...

오행의 상생상극

오행의 상생상극은 십신〔육친〕을 정할 때 필요하다. 그래서 반드시 숙달해야 한다. 오행의 상생상극은 십신〔육친〕을 정할 때 외에는 사용해서는 안 된다.

만물은 상호작용을 한다. 상생 관계도 있고 상극 관계도 있다. 생 (生)은 도와주는 것이고 극(剋)은 괴롭히는 것이다. 내가 도와주는 대상이 있으면〔식상〕, 내가 도움을 받는 대상도 있다〔인성〕. 내가 괴롭히는 대상이 있으면〔재성〕, 나를 괴롭히는 대상도 있다〔관성〕. 그리고 나와 비슷한 일을 하는 동료〔비겁〕들도 있다.

상생운동은 다음과 같다.

木운동 다음에는 火운동이 오고, 火운동 다음에는 土운동이 온다.

土운동 다음에는 金운동이 오고, 金운동 다음에는 水운동이 온다.

水운동 다음에는 다시 木운동으로 이어진다.

이때 음간은 음간끼리 어울리고, 양간은 양간끼리 어울린다.

극(剋)은 벌이나 채찍과 같다. 상(賞)이 있으면 벌(罰)이 있고, 당근이 있으면 채찍이 있다. 상과 벌 그리고 당근과 채찍도 음양 관계다. 음양은 균형을 이루어야 한다.

상극운동은 다음과 같다.

木이 土를 극하고(木剋土), 土는 水를 극하며(土剋水),

水는 火를 극하고(水剋火), 火는 金을 극하며(火剋金),

金은 木을 극한다(金剋木).

즉, 목극토·토극수·수극화·화극금·금극목이 상극운동이다. 극은 '통제한다' '괴롭힌다'라는 의미가 있다. 이때 음간은 음간끼리 상극하는 것이 자연스럽고, 양간은 양간끼리 상극하는 것이 자연스럽다.

십신〔육친〕은 천간의 글자끼리 정한다. 이따금 십신〔육친〕을 천간과 지지로 정하는 사람들이 있는데 이는 잘못된 것이다. 가장 기초적인 천간과 지지의 차이를 알지 못하기 때문이다. 즉, 甲木과 乙木, 寅木과 卯木을 구분하지 못한 결과이다.

이 역시 명리학이 체계적인 교육과정이 없어서 생기는 일이다. 책에 나왔기 때문에 그대로 가르치고, 윗사람이 그렇게 가르쳤기 때문에 그대로 배운다. 첫 단추가 잘못되면 그 후는 어떻게 되는지 누구나 쉽게 알 수 있다. 10년을 공부해도 명리학에 자신감이 생기지 않는 이유이다. 자연의 법칙에 근거한 명리학은 어려울 리가 없다. 매일 매 순간 우리가 자연의 법에 따라 살고 있으므로 익숙하기 때문이다.

같은 천간이라도 지지에 따라 그릇의 크기가 달라진다. 원국의 글자들은 운에 의해서 변하고 또 변한다. 그 변하는 모습을 알아보는 것이 명리학 공부이다. 태어나서부터 죽을 때까지 변하지 않는 원국 여덟 글자만 쳐다보아서는 안 된다.

상생(相生)

상생은 서로 도움을 주고받는 관계이다. 음간은 음간끼리, 양간은 양간끼리 서로 자연스럽게 상생을 이룬다. 나에게 도움을 주는 대상은 인성이고, 내 도움을 받는 대상은 식상이다. 이때 木을 나무, 火를 불, 土를 흙, 金을 바위, 水를 물이라고 하지 않도록 주의한다. 오행의 상생상극은 십신〔육친〕을 정할 때 필요하다. 그 외에는 사용해서는 안 된다.

_목생화 木生火

목생화는 木 다음에 火가 온다는 뜻이다. 木은 火를 낳는다. 木에게 火는 식상이고, 火에게 木은 인성이다. 식상은 내가 주는 대상이고, 인성은 나에게 주는 대상이다.

_화생토_{火生土}

화생토는 火 다음에 土가 온다는 뜻이다. 火 다음에 土가 온다. 火는 土를 낳는다. 火에게 土는 식상이고, 土에게 火는 인성이다. 식상은 내가 주는 대상이고, 인성은 나에게 주는 대상이다.

_토생금_{土生金}

토생금은 土 다음에 金이 온다는 뜻이다. 土 다음에 金이 온다. 土는 金을 낳는다. 土에게 金은 식상이고, 金에게 土는 인성이다. 식상은 내가 주는 대상이고, 인성은 나에게 주는 대상이다.

_금생수_{金生水}

금생수는 金 다음에 水가 온다는 뜻이다. 金 다음에 水가 온다. 金은 水를 낳는다. 金에게 水는 식상이고, 水에게 金은 인성이다. 식상은 내가 주는 대상이고, 인성은 나에게 주는 대상이다.

_수생목_{水生木}

수생목은 水 다음에 木이 온다는 뜻이다. 水 다음에 木이 온다. 水는 木을 낳는다. 水에게 木은 식상이고, 木에게 水는 인성이다. 식상은 내가 주는 대상이고, 인성은 나에게 주는 대상이다.

상극(相剋)

상극은 서로 극하는 관계이다. 음간은 음간끼리, 양간은 양간끼리 서로 자연스럽게 상극을 이룬다. 내가 극하는 대상은 재성이고, 나를 극하는 대상은 관성이다. 이때 木을 나무, 火를 불, 土를 흙, 金을 바위, 水를 물이라고 하지 않도록 주의한다. 오행의 상생상극은 십신〔육친〕을 정할 때 필요하다. 그 외에는 사용해서는 안 된다.

_목극토 木剋土

木과 土는 서로 적대적이다. 土는 木을 낳아주는 水를 극한다. 그래서 木은 土를 좋아하지 않는다. 木에게 土는 재성이고, 土에게 木은 관성이다. 재성은 내가 통제하는 대상이고, 관성은 나를 통제하는 대상이다.

_토극수 土剋水

土와 水는 서로 적대적이다. 水는 土를 낳아주는 火를 극한다. 그래서 土는 水를 좋아하지 않는다. 土에게 水는 재성이고, 水에게 土는 관성이다. 재성은 내가 통제하는 대상이고, 관성은 나를 통제하는 대상이다.

_수극화 水剋火

水와 火는 서로 적대적이다. 火는 水를 낳아주는 金을 극한다. 그래서 水는 火를 좋아하지 않는다. 水에게 火는 재성이고, 火에게 水는 관성이다. 재성은 내가 통제하는 대상이고, 관성은 나를 통제하는 대상이다.

_화극금 火剋金

火와 金은 서로 적대적이다. 金은 火를 낳아주는 木을 극한다. 그래서 火는 金을 좋아하지 않는다. 火에게 金은 재성이고, 金에게 火는 관성이다. 재성은 내가 통제하는 대상이고, 관성은 나를 통제하는 대상이다.

_금극목 金剋木

金과 木은 서로 적대적이다. 木은 金을 낳아주는 土를 극한다. 그래서 金은 木을 좋아하지 않는다. 金에게 木은 재성이고, 木에게 金은 관성이다. 재성은 내가 통제하는 대상이고, 관성은 나를 통제하는 대상이다.

천간은 우주의 운동이고, 지지는 지구의 운동이다. 지구는 지축의 기울기로 인하여 오행이 아닌 사계절 운동을 한다. 그래서 천간과 지지 글자가 다르다. 땅에서 사는 사람들에게는 천간보다 지지가 중요하다.

천간은 지지의 영향을 받는다. 지지에 따라 같은 천간이라도 모습이 달라진다. 지지에 따라 달라지는 천간을 표시한 것이 12운성이다. 12운성은 생욕대, 록왕쇠, 병사묘, 절태양으로 나뉜다. 생욕대는 출근하는 시기와 같고, 록왕쇠는 열심히 일하는 시기와 같다. 병사묘는 퇴근하는 시기와 같고, 절태양은 잠을 자는 시기와 같다. 출근(아침)이나 활동(낮)이나 퇴근(저녁)이나 잠(밤)이나 모두 소중한 하루의 일상이다.

자연의 법에는 좋고 나쁨은 없다. 크면 큰 대로 작으면 작은 대로 역할이 있다. 부엌에 있는 다양한 그릇들도 모두 필요해서 있는 것이다. 좋고 나쁨은 개인의 취향일 뿐이다. 사주팔자도 좋고 나쁨은 없다. 타고난 자기의 모습대로 필요한 곳에서 필요한 일을 하면 된다. 甲木과 乙木, 丙火와 丁火, 戊土와 己土, 庚金과 辛金, 壬水와 癸水 모두 필요한 곳에서 필요한 시간에 해야 할 역할이 있다. 그것을 지키면 일의 효율도 오르고 편안한 삶을 살 수 있다. 그릇도 종류와 크기에 따라 역할과 쓰임이 있는 것과 같다.

　기준을 만드는 세력은 힘을 가진 기득권층이다. 어디에서나 힘을 가진 기득권층이 기준을 만들고 힘이 없는 사람들은 질질 끌려다닌다. 국제 사회에서도 강대국이 국가 간의 기준을 만든다. 명리학의 이론적 기준도 부귀를 가진 기득권층이 만들었다. 재관(財官)만이 용신! 이런 말들은 모두 재관을 가진 기득권층이 만들어낸 것이다.

　명리학의 핵심은 다양성을 인정하는 것이다. 태어날 때 주어지는 팔자가 다르므로 생각도 다르고, 살아가는 환경도 다르다. 시골 쥐는 시골에서 살아야 하고, 도시 쥐는 도시에서 살아야 한다. 채송화가 해바라기처럼 살 수 없고, 해바라기는 채송화처럼 살 수 없다. 타고난 대로 살면 된다.

　사람들은 다양하다. 돈보다도 명예를 중시하는 사람들도 있고, 크고 높은 곳이 아닌 작고 낮은 곳을 좋아하는 사람들도 있다. 도시의 화려함보다는 조용하고 넉넉한 시골을 좋아하는 사람도 있고, 편한 일보다는 힘들고 어려운 일을 좋아하는 사람도 있다. 양지가 없으면 음지가 없고, 음지가 없으면 양지가 없다. 모두 나와 생각이 같을 것이라고 생각하면 잘못이다. 나와 다른 상대방을 서로 존중하고 배려해야 한다.

나르시스주맬리 다시 쓰는 명리학

십신(十神)
_육친(六親)

나이스시추에이션 다시 쓰는 명리학

...이론편...

십신(육친)

오행의 생극제화는 십신을 정할 때 필요하다.

상담을 할 때 질문 내용은 주로 직업, 승진, 재물, 관운, 남자, 여자, 합격, 은퇴, 진로, 전공 등이다. 이러한 내용은 음양오행이나 천간 지지만으로는 답하기 어렵다. 그래서 나온 것이 십신〔육친〕이다. 육친은 오행 중심이고, 십신은 천간 중심이니 처음부터 십신 중심으로 공부하면 좋다.

십신〔육친〕을 알기 위해서는 각 천간에 오행을 붙여야 한다.

오행의 상생상극을 이용하여 십신〔(육친〕)을 파악한다.

천간에 오행을 붙이면 甲木 乙木 丙火 丁火 戊土 己土 庚金 辛金 壬水 癸水이다.

오행	木		火		土		金		水	
천간	甲木	乙木	丙火	丁火	戊土	己土	庚金	辛金	壬水	癸水
음양	양	음	양	음	양	음	양	음	양	음

먼저 오행 중심의 육친에 대해서 알아본다.

일간을 기준으로 일간과 같은 오행은 비겁(比劫)이라고 한다. 그리고 일간이 생하는 오행은 식상(食傷)이라 하고, 일간이 극하는 오행은 재성(財星)이 된다. 일간을 극하는 오행은 관성(官星)이고, 일간을 생하는 오행은 인성(印星)이다.

_비겁(比劫) : 일간과 같은 오행
_식상(食傷) : 일간이 생하는 오행
_재성(財星) : 일간이 극하는 오행
_관성(官星) : 일간을 극하는 오행
_인성(印星) : 일간을 생하는 오행

비겁은 나와 같은 오행이니 내가 木이라면 木이 비겁이 된다.
木에는 甲木과 乙木이 있다.
식상은 내가 생하는 오행이니 내가 木이라면 목생화로 火가 된다.
火에는 丙火와 丁火가 있다.
재성은 내가 극하는 오행이니 내가 木이라면 목극토로 土가 재성이 된다. 土에는 戊土와 己土가 있다.

관성은 나를 극하는 오행이니, 내가 木이라면 금극목으로 金이 관성이다. 金에는 庚金과 辛金이 있다.

인성은 나를 생하는 오행이니, 내가 木이라면 수생목으로 水가 인성이 된다. 水에는 壬水와 癸水가 있다.

_비겁比劫

비겁은 나와 같은 오행이다.

甲木과 乙木이 같은 木인 甲木과 乙木을 볼 때 비겁이 된다.

丙火와 丁火는 같은 오행인 丙火나 丁火를 볼 때 비겁이 된다.

戊土와 己土도 같은 오행인 戊土나 己土를 볼 때 비겁이 된다.

庚金과 辛金도 같은 오행인 庚金과 辛金을 볼 때 비겁이 된다.

壬水와 癸水도 같은 오행인 壬水나 癸水를 보면 비겁이 된다.

일 간	비겁(나와 같은 오행)
甲木 乙木에게는	甲木 乙木이 비겁
丙火 丁火에게는	丙火 丁火가 비겁
戊土 己土에게는	戊土 己土가 비겁
庚金 辛金에게는	庚金 辛金이 비겁
壬水 癸水에게는	壬水 癸水가 비겁

_식상食傷

식상은 내가 생하는 오행이다.

甲木과 乙木은 목생화로   丙火나 丁火를 만나면 식상이다.

丙火나 丁火는 화생토로   戊土나 己土가 식상이 된다.

戊土나 己土는 토생금으로 庚金이나 辛金이 식상이다.

庚金과 辛金은 금생수로   壬水나 癸水가 식상이 된다.

壬水와 癸水는 수생목으로 甲木과 乙木이 식상이다.

일 간	식상(내가 생하는 오행)
甲木 乙木에게는	丙火 丁火가 식상
丙火 丁火에게는	戊土 己土가 식상
戊土 己土에게는	庚金 辛金이 식상
庚金 辛金에게는	壬水 癸水가 식상
壬水 癸水에게는	甲木 乙木이 식상

_재성財星

재성은 내가 극하는 오행이다.

甲木과 乙木은 목극토로   戊土나 己土가 재성이 된다.

丙火와 丁火는 화극금으로 庚金과 辛金이 재성이 된다.

戊土와 己土는 토극수로   壬水와 癸水가 재성이 된다.

庚金과 辛金은 금극목이므로 甲木과 乙木이 재성이 된다.

壬水와 癸水는 수극화이니 丙火와 丁火가 재성이 된다.

일 간	재성(내가 극하는 오행)
甲木 乙木에게는	戊土 己土가 재성
丙火 丁火에게는	庚金 辛金이 재성
戊土 己土에게는	壬水 癸水가 재성
庚金 辛金에게는	甲木 乙木이 재성
壬水 癸水에게는	丙火 丁火가 재성

_관성官星

관성은 나를 극하는 오행이다.

甲木과 乙木은 금극목으로 庚金과 辛金이 관성이다.

丙火와 丁火는 수극화로   壬水와 癸水가 관성이다.

戊土와 己土는 목극토이니 甲木과 乙木이 관성이다.

庚金과 辛金은 화극금이니 丙火와 丁火가 관성이다.

壬水와 癸水는 토극수이니 戊土와 己土가 관성이다.

일 간	관성(나를 극하는 오행)
甲木 乙木에게는	庚金 辛金이 관성
丙火 丁火에게는	壬水 癸水가 관성
戊土 己土에게는	甲木 乙木이 관성
庚金 辛金에게는	丙火 丁火가 관성
壬水 癸水에게는	戊土 己土가 관성

_인성印星

인성은 나를 생하는 오행이다.

甲木과 乙木은 수생목으로 壬水와 癸水가 인성이다.

丙火와 丁火는 목생화니 甲木과 乙木이 인성이다.

戊土와 己土는 화생토로 丙火와 丁火가 인성이다.

庚金과 辛金은 토생금이니 戊土와 己土가 인성이다.

壬水와 癸水는 금생수로 庚金과 辛金이 인성이다.

일 간	인성(나를 생하는 오행)
甲木 乙木에게는	壬水 癸水가 인성
丙火 丁火에게는	甲木 乙木이 인성
戊土 己土에게는	丙火 丁火가 인성
庚金 辛金에게는	戊土 己土가 인성
壬水 癸水에게는	庚金 辛金이 인성

時	日	月	年
○	甲	○	○
○	○	○	○

_일간 甲木은 水에게 생을 받고 土를 극한다. 수생목, 목극토이다.

_일간을 생하는 천간은 인성이고, 일간이 극하는 천간은 재성이다.

_일간 甲木에게는 壬水와 癸水가 인성이고, 戊土와 己土가 재성이 된다.

_일간 甲木은 火를 생하고, 金의 극을 받는다. 목생화, 화극금이다.

_甲木이 생하는 천간은 丙火와 丁火가 있고, 甲木을 극하는 천간은 庚金
과 辛金이 있다.

_일간 甲木에게는 丙火와 丁火가 식상이고, 庚金과 辛金이 관성이다.

時	日	月	年
○	丙	○	○
○	○	○	○

_일간 丙火는 木에게 생을 받고 金을 극한다. 목생화. 화극금이다.

_木에는 甲木과 乙木이 있고, 金에는 庚金과 辛金이 있다.

_일간 丙火에게는 甲木과 乙木이 인성이고, 庚金과 辛金이 재성이 된다.

_일간 丙火는 土를 생하고, 水의 극을 받는다. 화생토, 수극화이다.

_丙火가 생하는 천간은 戊土와 己土가 있고, 丙火를 극하는 천간은 壬水와 癸水가 있다.

_일간 丙火에게는 戊土와 己土가 식상이고, 壬水와 癸水가 관성이다.

_일간 戊土는 火에게 생을 받고 水를 극한다. 화생토, 토극수이다.

_火에는 丙火와 丁火가 있고, 水에는 壬水와 癸水가 있다.

_일간 戊土에게는 丙火와 丁火가 인성이고, 壬水와 癸水가 재성이 된다.

_일간 戊土는 金을 생하고, 木의 극을 받는다. 토생금, 목극토이다.

_戊土가 생하는 천간은 庚金과 辛金이 있고, 戊土를 극하는 천간은 甲木과 乙木이 있다.

_일간 戊土에게는 庚金과 辛金이 식상이고, 甲木과 乙木이 관성이다.

_일간 庚金은 土에게 생을 받고 木을 극한다. 토생금, 금극목이다.

_土에는 戊土와 己土가 있고, 木에는 甲木과 乙木이 있다.

_일간 庚金에게는 戊土와 己土가 인성이고, 甲木과 乙木이 재성이 된다.

_일간 庚金은 水를 생하고, 火의 극을 받는다. 금생수, 화극금이다.

_庚金이 생하는 천간은 壬水와 癸水가 있고, 庚金을 극하는 천간은 丙火와 丁火가 있다.

_일간 庚金에게는 壬水와 癸水가 식상이고, 丙火와 丁火가 관성이다.

_일간 壬水는 金에게 생을 받고 火를 극한다. 금생수, 수극화이다.

_金에는 庚金과 辛金이 있고, 火에는 丙火와 丁火가 있다.

_일간 壬水에게는 庚金과 辛金이 인성이고, 丙火와 丁火가 재성이 된다.

_일간 壬水는 木을 생하고 土의 극을 받는다. 수생목, 토극수이다.

_壬水가 생하는 천간은 甲木과 乙木이 있고, 壬水를 극하는 천간은 戊土와 己土가 있다.

_일간 壬水에게는 甲木과 乙木이 식상이고, 戊土와 己土가 관성이다.

삶은 부귀가 아닌 행복으로 평가 받아야 한다. 행복은 마음 편하게 사는 것이다. 부귀가 넘쳐도 마음이 편하지 않으면 행복한 것이 아니다. 그 평가는 남이 아닌 본인 스스로 내려야 한다. 다른 사람을 의식하며 살 필요가 없다. 남을 위해 사는 삶이 아니다. 인생은 내가 주인이 되어 살아야 하며 결과도 내가 책임을 져야 한다. 남 탓을 해도 소용없다. 후회뿐이다.

누구든지 생각하는 자유, 말하는 자유, 표현의 자유가 있다. 누구든지 하고 싶은 말을 할 수 있다. 비난도, 욕도 할 수 있다. 문제는 다른 사람의 언행으로 인하여 나의 삶이 상처를 받거나 망가지면 안 된다. 대책을 세워야 한다. 다른 사람의 시선이나 평가와 관계없이 살아갈 삶의 철학을 가지고 있어야 한다.

어릴 때부터 큰 꿈을 갖고 살아야 한다고 교육을 받는다. 꿈은 꿈일 뿐이다. 현실을 무시한, 이룰 수 없는 헛된 꿈을 가져서는 안 된다. 꿈과 야망보다는 현실을 직시하며 살아야 한다. 자기 분수를 모르고 능력 이상의 꿈을 꾸는 사람들이 많다. 꿈은 반드시 현실에 기반을 두고 펼쳐야 한다.

큰 꿈을 가지라는 교육의 폐해는 또 있다. 태어날 때 주어지는 각자의 시간표가 다르다. 확산 상승을 꿈꾸는 사람도 있지만, 응축 하강을 꿈꾸는 사람도 있다. 작고 소박한 행복이 목표인 사람도 있는 것이다. 사회는 너도나도 꿈을 크게 가지라고 말한다. 그래서 작은 행복을 꿈꾸는 사람들은 꿈을 입 밖에 낼 수조차 없는 사회가 되어 버렸다. 소확행(작지만 확실한 행복)을 꿈꾸는 젊은 층이 늘어나는 것은 매우 바람직하다.

태어날 때 정해진 그릇의 종류와 크기는 평생 바뀌지 않는다. 노력한다고 될 일이 아니다. 한번 채송화는 죽을 때까지 채송화이고 한번 호랑이는 죽을 때까지 호랑이다. 채송화도 호랑이도 시간의 흐름에 따라 모습이 변해 간다. 사람도 마찬가지이다. 태어날 때 정해지는 사주팔자가 운이 흘러감에 따라 어떻게 모습이 달라지는지 알아보려고 하는 학문이 명리학이다.

명리학은 나를 아는 학문이다. 만물은 태어날 때 종류와 크기가 결정된다. 모든 동식물도 마찬가지이고 모든 사물도 마찬가지이다. 태어날 때 정해져서 죽을 때까지 변하지 않는다. 한번 토끼로 태어나면 영원히 토끼이다. 노력한다고 토끼가 호랑이가 될 수 없다. 인간만이 노력으로 바뀔 수 있다고 시도를 한다. 헛수고이다.

　　사람들은 자기만의 독특한 색안경을 끼고 세상을 본다. 같은 장소에서 같은 방향을 보면서도 서로 다르게 말한다. 남의 색안경은 나의 색안경과 색깔이 다르다는 것을 모르는 경우가 많다. 그리고 내 눈으로 직접 보았다고 우긴다. 자신의 색안경의 색깔을 아는 것이 중요하다. 내가 보는 세상이 맞다고 한다면 상대방이 보는 세상도 맞다. 서로간의 차이를 존중해야 한다.

육친의 의미

앞에서 어떻게 육친을 정하는지 알아보았다. 지금부터는 육친이
나타내는 뜻을 살펴보자.

비겁은 나와 같은 운동이나 업종에서 일하는 친구나 동료와 같다.
나와 같은 팀일 수도 있고 상대방 팀일 수도 있다. 등산을 간다면 올
라가는 팀이나 내려가는 팀 모두 비겁이 된다. 식당이나 스포츠센터,
극장이나 카페에 사람들이 많으면 비겁이 많은 것이다. 내 편도 있고
상대방도 있다. 꼭 사람만을 의미하지는 않는다. 나와 함께 있는 책
이나 애완동물이나 식물들도 모두 비겁이 된다. 비겁은 비견과 겁재
로 나뉘는데 나와 같은 방향이면 **비견**이고, 나와 맞서는 방향이면
겁재이다. 나의 팀 동료는 비견이고, 상대 팀 동료는 겁재이다.

식상은 일간이 생해 주는 대상이니 내가 가진 것을 주는 대상이다. 내가 돌보거나 관리하는 사람일 수도 있고 동식물일 수도 있다. 내가 스스로 좋아서 주는 것이 식상이다. 물건도 좋고 지식도 좋다. 내가 주는 것이 식상이라면 내가 받는 것은 인성이다. **식신**이 전문적이라면, **상관**은 여러 가지 종류가 많다. 식상은 내 것을 주게 되니 에너지가 소모된다고 생각하기 쉬운데 그렇지 않다. 하고 싶은 일을 하면 신이 나고 기분이 좋아진다. 즐기면서 자발적으로 내 능력을 발휘하며 주변을 기쁘게 한다.

재성은 일간이 극을 하니 내가 함부로 대하는 대상이다. 대상은 사람일 수도 있고 사물이나 동식물일 수도 있고 무생물일 수도 있다. 도끼를 들고 장작을 팬다면 장작이 재성이다. 재성의 상대편은 관성이다. 내가 괴롭히는 대상은 재성이고 상대방이 나를 괴롭히면 상대방이 관성이다. 재성을 취하려면 힘을 들여 에너지를 소모해야 한다. 재성은 식상〔일, 노력〕을 통해 얻는 것이 바람직하다. 즉, 내 재능을 발휘하여 재성을 취하면 좋다. 식상 없이 재성을 취하려면 힘들다.

관성은 일간을 극하니 나를 통제하는 사람이나 대상이다. 그래서 나는 지시를 받고 시키는 대로 해야 한다. 적당한 통제는 긴장감을 위해서도 필요하고 사회 질서를 유지하기 위해서도 필요하다. 그러나 관성이 지나치면 위축되고 스트레스를 받게 된다. 나를 통제하는 법, 질서, 제도, 도덕 등도 관성이다. 관성이 많으면 순종과 복종을 잘한다. 팔자에 관성이 강하면 시키면 시키는 대로 잘하니 큰 조직에서 성공할 수 있다. 조직은 말 잘 듣는 사람을 원하기 때문이다.

인성은 일간을 생해 주는 오행을 말하니 일간을 돌봐주는 사람이나 물건 등이다. 돌봐주는 것, 즉 기댈 곳이 있다는 것은 기분 좋은 일이다. 그래서 나를 흐뭇하게 해주는 모든 것이 인성이다. 칭찬이나 상, 학위, 자격증 등이 인성이고, 문서도 인성이다. 나에게 도움을 주는 모든 것들이 인성에 속한다. 내가 다쳤을 때 꼬마가 나에게 도움을 줬다면 꼬마가 인성이다. 인성은 동식물일 수도 있다. 식상이 강하면 주기를 잘하고 인성이 많으면 받기를 잘한다. 재물이나 지식 모두 잘 받아들인다.

비겁	주장, 자신감	나와 같은 일을 하는 사람
식상	하고 싶은 일	내가 돌봐주는 사람
재성	내 멋대로, 에너지 소모	내가 마음대로 다루는 사람
관성	직장, 나를 통제하는 것	나를 통제하는 사람
인성	나를 보호, 사는 맛	나에게 도움을 주는 사람

어머니는 인성, 친구는 비겁, 자녀는 식상, 남편은 관성, 처는 재성 이런 식으로 전해 내려온다. 음과 양은 대등하다는 자연의 법을 따르지 않고 시대나 문화·풍습·전통 등을 반영한 것이다. 이런 식으로 학문을 해서는 안 된다. 시대마다 나라마다 가정마다 개인마다 학문

의 틀이 달라져서 주먹구구식으로 되어서는 안 된다. 명리학의 기준은 오로지 오랜 시간 동안 변하지 않았던 자연의 법이어야 한다.

남자는 비겁도 식상도 인성도 관성도 재성도 될 수 있다. 부모 또한 비겁도 식상도 인성도 관성도 재성도 될 수 있다. 친구나 여자도 마찬가지이다. 내가 공격할 수 있는 대상은 재성이고, 나를 공격하는 대상은 관성이다. 부모가 나를 때릴 수도 있고, 아이가 나를 도와줄 수도 있다. 나에게 도움을 주는 친구도 있고, 나를 괴롭히는 친구도 있다. 사람들의 관계는 시간〔운〕과 장소에 따라 달라지니 '인성은 어머니다.' 라는 식으로 육친을 정해 버리면 안 된다. 우주에 변하지 않는 것은 없다.

_**남자** : 시간과 환경에 따라 비겁, 식상, 인성, 관성, 재성이 될 수 있다.
_**여자** : 시간과 환경에 따라 비겁, 식상, 인성, 관성, 재성이 될 수 있다.
_**모친** : 시간과 환경에 따라 비겁, 식상, 인성, 관성, 재성이 될 수 있다.
_**부친** : 시간과 환경에 따라 비겁, 식상, 인성, 관성, 재성이 될 수 있다.
_**친구** : 시간과 환경에 따라 비겁, 식상, 인성, 관성, 재성이 될 수 있다.
_**선배** : 시간과 환경에 따라 비겁, 식상, 인성, 관성, 재성이 될 수 있다.
_**후배** : 시간과 환경에 따라 비겁, 식상, 인성, 관성, 재성이 될 수 있다.

십신의 종류

육친은 음양으로 나뉘어 십신이 된다. 십신을 알기 위해서는 천간의 음양과 오행의 생극제화를 알아야 한다.

천간	甲木	乙木	丙火	丁火	戊土	己土	庚金	辛金	壬水	癸水
음양	양	음	양	음	양	음	양	음	양	음

비견·식신·편재·편관·편인은 천간 두 글자의 음양이 같고,
겁재·상관·정재·정관·정인은 천간 두 글자의 음양이 다르다.
좀 더 자세히 알아보자.

_비겁(比劫) : 일간과 같은 오행으로 **비견·겁재**로 나뉜다.

_식상(食傷) : 일간이 생하는 오행으로 **식신·상관**으로 나뉜다.

_재성(財星) : 일간이 극하는 오행으로 **편재·정재**로 나뉜다.

_관성(官星) : 일간을 극하는 오행으로 **편관·정관**으로 나뉜다.

_인성(印星) : 일간을 생하는 오행으로 **편인·정인**으로 나뉜다.

_비겁(비견·겁재)

비겁은 동료를 말한다. 비견이든 겁재든 함께 비슷한 일을 하는 동료이다. 비견은 나와 같은 방향으로 가는 동료이고, 겁재는 나와 마주 보며 대항하는 동료이다.

비견은 같은 목표를 가지고 달리는 육상 선수, 같은 목표를 가지고 경쟁하는 학교 친구나 직장 동료이다. 비견은 나만 잘하면 된다. 내 성적이나 내 기록만 높이면 된다.

겁재는 마주 보고 싸우는 권투나 격투기, 배구, 축구, 등 구기 종목 선수들이다. 법정에서 소송하는 원고와 피고도 겁재이다. 둘 중 하나는 승자가 되고 하나는 패자가 된다. 그래서 겁재가 비견보다 경쟁심이나 승부욕이 더 강하다. 겁재가 비견보다 에너지 소모가 더 크다. 도박 등도 겁재이다.

겁재는 음간과 양간의 만남이니 활동무대가 실내와 실외이다. 자기에게 유리한 영역에서 싸우면 좋다. 내가 속한 영역으로 끌어들여 경쟁해야 한다. 적진에서는 내가 실력이 있어도 불리해질 가능성이 있다. 선생님이 학생을 지도할 때는 반드시 교무실에서 하는 것이 좋다.

비견은 형제가 아니고 **겁재**는 남매가 아니다. 형제나 남매도 비견이나 겁재가 될 수 있다. 물론 형제나 남매가 관성 인성 재성이 모두 될 수 있다. 대개 관계가 좋을 때는 비견이고, 싸울 때는 겁재가 된다. 부모나 자녀 관계도 마찬가지이다.

_식상(식신 · 상관)

식신이나 상관은 자기 방식의 표현이다. 몸이든 글이든 말이든 자기만의 방식이 있다. 그래서 기존의 방식과는 다른 자기만의 새로운 것을 만들어 낼 가능성이 크다. 창의력, 상상력이 뛰어나다. 새로운 디자인, 새로운 논문, 새로운 기술, 새로운 역사를 만들어 나간다. 기존의 방식에 저항하며 새로운 방식을 택하니 충돌이 일어날 수 있다. 반항아, 반역자, 도전자가 될 수 있다. 진보와 보수의 충돌이다.

내가 주는 대상은 모두 식상이다. 물건이나 지식 등 무엇이든지 줄 수 있다. 내가 식물이나 동물을 돌본다면 내가 돌보는 식물이나 동물은 식상이다. 돌봄을 받는 식물이나 동물에게는 내가 인성이 된다. 식상과 인성은 주고받는 음양 관계이다. 식상에게 주고 인성에게 받는다. 자녀가 부모에게 음식을 사준다면 자녀에게 부모는 식상이 되고 부모에게 자녀는 인성이 된다. 선생님이 학생을 돌볼 때 학생에게 선생님은 인성이고 선생님에게 학생은 식상이다. 물론 학생이 선생님에게 선물을 준다면 학생에게 선생님은 식상이고, 선생님에게 학생은 인성이다.

식상은 물건, 재능, 지식 등을 잘 나누어 준다. 시나 소설이나 노래, 연기 등으로 표현도 잘한다. 상대방의 눈높이에 맞춰 쉽게 이해시킨다. 물론 식상의 활동은 천간의 속성에 따라 다양하게 나타나니 천간의 속성을 먼저 잘 알아야 한다. 천간과 지지를 익힌 후 십신을 공부해야 한다. 성급하게 반대로 하는 경우가 많다. 기초공사를 하지 않고 집을 짓는 격이다.

식상이 강하면 주고 싶은 성향이 강해진다. 주려면 뭔가가 있어야 한다. 재산이든지 지식이든지 먼저 채워야 줄 수 있다. 가진 것도 없으면서 가진 체하고 모르면서 아는 체하는 사람들이 있는데, 식상이 강한 사람들의 특징이다.

식상은 자기만의 방식을 추구하므로 타인의 명령이나 지시를 거부한다. 그래서 명령과 지시로 움직이는 조직 생활에는 적합하지 않다. 스스로 하는 것은 식상이고, 시켜서 하는 것은 관성이다. 관성이 강하면 조직 생활에 유리하고, 식상이 강하면 독립적인 자기의 일을 하면 좋다. 그러나 팔자 대로 살지 못하는 경우가 많으니 스트레스가 쌓인다.

식신은 전문적이다. 대학교 교수, 전문직(의사·변호사 등)에서 일하거나 국밥집, 곰탕집, 추어탕집처럼 하나의 종목의 일을 하기도 한다.

상관은 다방면에 관심이 많다. 여러 과목을 가르치는 초등학교 교사, 메뉴가 다양한 식당은 상관으로 보면 된다. 식신은 한 가지만 깊이 파니 모험이 따른다. 주식을 한다면 하나의 종목에 주력한다. 운이 좋을 때는 대박이 날 수도 있다.

상관은 이런저런 다양한 일에 관심이 많다. 이것이 안 되면 다른 것을 할 수도 있다. 상관은 박학다식(博學多識)하다. 깊이는 없다. 백화점 식이다. 주식을 여러 종목에 나누어 투자하니 위험이 분산된다. 기존에 있는 것을 더 보기 좋고 편리하게 응용, 개조, 변형, 장식, 발전시킨다. 멋진 디자인 등은 모두 상관의 결과물이다.

상관은 관(官)을 상하게 한다는 뜻이 있다. 관은 관청이다. 법과 질서, 관행, 관습, 예절, 풍습, 전통 등이 관이다. 상관이 강하면 남편을 상하게 한다는데 그렇지 않다. 남편은 관이 아니다. 상관은 기존의 방식을 거부하고 하고 싶은 일을 할 뿐이다. 관은 나를 극하는 것이다. 나를 괴롭히는 것이 관성이다. 기존의 관행을 거부하며 새로운 방식을 찾는 것이 상관이다.

창조(創造)는 상관이 아닌 편인이다. 미술이나 음악, 연극 등 예술은 창조다. 편인은 없는 것을 새로 만들고, 상관은 이미 있는 것을 변형시킨다. 작곡이 편인이라면, 편곡은 상관이다. 표현을 잘하는 연예인 등은 상관의 기질이 강하다. 물론 그렇지 않은 연예인도 있다. 어느 직업이든지 온갖 십신이 다 모여 있다. 관(官)은 공무원이 아니라 법과 질서를 잘 지키는 속성을 말한다. 법과 질서를 잘 지키는 사람은 어느 조직에나 있다.

_재성(편재 · 정재)

재성은 내가 극하는 것이다. 내가 마음대로 다룰 수 있는 대상이다. 내가 마음대로 쓸 수 있는 돈이다. 내가 가지고 있더라도 사용할 수 없는 돈은 재성이 아니다. 당장 쓸 수 없는 적금이나 땅문서, 집문서 등은 재성이 아니고 인성이다. 물건만이 아니다. 사람이나 동물이나 무엇이든지 마음대로 다룰 수 있는 대상은 재성이다. 공격하는 쪽에서 상대는 재성이고 공격받는 쪽에서 상대는 관성이다. 도끼로 장작을 팬다면 도끼에게 장작은 재성이고, 장작에게 도끼는 관성이다.

재성에는 편재와 정재가 있다.

편재는 안정감이 없다. 편(偏)은 치우쳤다, 편중되었다, 기울었다는 의미이다. 편(偏)은 있을 때와 없을 때의 편차가 크다. 잔잔한 파도가 정(正)이고 거센 파도는 편(偏)이다. 편재 · 편관 · 편인 모두 마찬가지이다. 정(正)이 좋은지 편(偏)이 좋은지는 알 수 없다. 좋다와 나쁘다는 개인의 생각일 뿐이다. 타고난 팔자 대로 살면 된다. 세상에는 정(正) 도 편(偏)도 모두 필요하다. 타고난 대로 살면 편하고 행복하다. 남의 삶에 간섭하지 말고 남에게 간섭받지도 말아야 한다. 자기에게 주어진 길을 걸어가야 한다.

정재는 큰 굴곡이 없어서 믿을만 하다. 수입과 지출이 예측 가능하다 면 정재이다. 편재는 돈의 씀씀이가 불안하다. 정재는 월급이고 편재 는 사업이 아니다. 편재 성향인 월급쟁이도 있고, 정재 성향인 사업가 도 있다. 조직을 관리하는 사람들이 편(偏)보다 정(正)이면 안정감이 있다. 십신 자체가 직업을 나타내는 것은 아니다. 어느 집단이든지 인 원이 많으면 모든 십신이 다 들어 있다.

_관성(편관 · 정관)

나를 공격하는 것, 나에게 명령하고 지시하는 것, 나를 괴롭히며 스트레스를 주는 모든 대상이 관성이다. 관성은 나를 마음대로 통제 하며 다루려고 한다. 팔자에 관성이 강하면 명령과 지시, 법과 질서 를 잘 지킨다. 그래서 시키면 시키는 대로 행하는 조직 생활에 적합 하다. 관성은 공무원이 아니다. 공무원도 법과 질서를 잘 지키지 않 는 사람이 있다. 관성이 강한 사람이 공무원을 하면 좋겠다는 정도로 이해하면 된다.

편관은 정관보다 더 엄격하다. 편(偏)은 안정감이 없고, 정(正)은 안정감이 있다. **정관**은 긴장감이 낮고, 편관은 긴장감이 높다. **편관**은 단정하게 보인다. 편관의 직업은 대개 제복을 입는다. 편관은 하는 일이 굴곡이 심하다. 일이 있을 때는 많고 없을 때는 한가하다. 예를 들면 군인, 경찰, 소방관 직업과 같다. 늘 불을 끄거나 전쟁을 하는 것은 아니다. 반면 **정관**은 꾸준히 일한다. 예를 들면 동사무소, 구청, 시청에서 근무하는 사람들이다. 위험도도 낮다. 일용근로자는 편(偏)이고, 정규직은 정(正)이다.

관성은 나를 괴롭히는 대상이다. 나를 괴롭히는 친구일 수도 있고 부모일 수도 있고 상사나 후배일 수도 있다. 환자는 의사나 간호사들이 시키는 대로 하게 된다. 그때는 의사나 간호사가 관성이다. 의사나 간호사에게 환자는 재성이 된다. 그래서 재성과 관성은 음양의 짝이다.

여자에게 남자를 관성이라고 하면 안 되고, 남자에게 여자를 재성이라고 하면 안 된다. 여자에게 당하는 남자도 있고, 남자에게 당하는 여자도 있다. 관성은 가해자이고 재성은 피해자이다.

_인성(편인 · 정인)

십신의 기준은 일간이다. 일간은 십신을 정하는 기준이 된다. 일간의 강약과 식재관은 아무 상관이 없다. 인성은 받는 것이고, 식상은 주는 것이다. 엄마에게 받고, 자녀에게 준다면 엄마는 인성이고 자녀는 식상이다. 나에게 무엇인가를 주는 모든 대상은 인성이다. 모든 어머니도 인성인 것은 아니다. 어머니는 상황에 따라 비겁이나 식상도 될 수 있고 재성이나 관성도 될 수 있다.

팔자에 인성이 강하면 나에게 주는 대상이 많아 인덕이 있다고 한다. 인성이 많으면 주는 것보다 받는 것이 많다. 지식도 잘 받아들이니 공부도 잘하고 칭찬도 받는다. 그래서 자기가 최고인 줄 안다. 식상이 강하면 줄 대상이 많은 것이다.

보통 사주에는 인성과 식상이 섞여 있으므로 주고받으면서 살아간다. 그러나 한쪽으로 치우친 사주도 있다. 인성이 강하면 기댈 언덕이 있다는 의미이고, 기댈 언덕이 있다는 것은 믿는 구석이 있다는 의미이다. 나쁠 이유가 없다. 인성이 지나치게 강하면 너무 의존적으로 되니 문제가 될 뿐이다. 인성이 약하면 받지를 못하니 의존할 데가 없다. 기댈 언덕이 없다. 스스로 개척해 나가야 한다.

인성은 땅문서, 학위, 자격증, 평판, 명예 등이다. 인성을 마음대로 사용할 수는 없어서 유용성은 떨어진다. 사용하려면 인성을 재성으로 바꾸어야 한다. 마음대로 처분할 수 있는 대상이 재성이다. 나에게 도움이나 위로, 안정감을 주는 사람이나 동식물도 인성이다. 갈증이 날 때 물을 주는 대상이 인성이다. 어린이가 물을 주면 어린이가 인성이다.

인성은 도장과도 관련이 있다. 신분증, 운전면허증, 졸업장, 상장, 학위증, 자격증, 땅문서 등에는 도장이 찍힌다. 모두 나를 흐뭇하고 기분 좋게 하는 것들이다. 그러나 기분일 뿐이다. 실제 사용을 하려면 재성으로 바꿔야 한다.

인성은 사는 맛을 느끼게 한다. 상을 타거나 시험에 합격하면 모두가 행복하다. 칭찬, 격려, 사랑을 받을 때도 기분이 좋다. 기부나 기증, 후원 등도 받는 측에서 보면 인성이다. 재성을 인성으로 바꾸면 행복할 수 있다.

같은 십신도 모두 다르다...

다음 예를 통해서 같은 정관이라도 모두 속성이 다르고, 천간에 따라 다른 운을 만나야 실제로 정관을 사용할 수 있다는 것을 알아보자.

時	日	月	年
○	甲	辛	○
○	○	○	○

- 월간 辛金은 정관이다.
- 甲木과 辛金은 확산 상승 운동을 한다.
- 월지나 운에서 寅卯辰이 오면 정관 辛金은 록왕쇠이다.
- 일간 甲木도 寅卯辰에서 록왕쇠이다.
- 록왕쇠에서 가장 일이 많고, 절태양에서 가장 일이 적다.
- 일이 많으면 여유가 없고, 일이 적으면 여유가 있다.

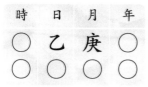

● 월간 庚金은 정관이다.

● 乙木과 庚金은 응축 하강하는 속성을 가지고 있다.

● 월지나 운에서 申酉戌이 오면 정관 庚金은 록왕쇠이다.

● 일간 乙木도 申酉戌에서 록왕쇠이다.

● 록왕쇠에서 가장 바쁘고, 절태양에서 가장 한가하다.

● 일이 많으면 정신없이 바빠지고, 일이 적으면 휴식할 여유가 있다.

時	日	月	年
○	丙	癸	○
○	○	○	○

● 월간 癸水는 정관이다.

● 丙火와 癸水는 더 확산 더 상승하는 속성을 가지고 있다.

● 월지나 운에서 巳午未가 오면 정관 癸水는 록왕쇠이다.

● 일간 丙火도 巳午未에서 록왕쇠이다.

● 록왕쇠에서 정신없이 바쁘고, 절태양에서 가장 한가하다.

● 바쁠 때는 여유가 없어서 개인적인 일을 할 수가 없다.

● 월간 壬水는 정관이다.

● 丁火와 壬水는 더 응축 더 하강하는 속성을 가지고 있다.

● 월지나 운에서 亥子丑이 오면 정관 壬水는 록왕쇠이다.

● 일간 丁火도 亥子丑에서 록왕쇠이다.

● 록왕쇠에서 가장 일이 많고, 절태양에서 가장 일이 적다.

● 일이 없어 시간이 나면 여행 독서 공부를 할 수 있다.

時	日	月	年
○	戊	乙	○
○	○	○	○

● 월간 乙木은 정관이다.

● 정관 乙木은 응축 하강 운동을 한다.

● 월지나 운에서 申酉戌이 오면 정관 乙木은 록왕쇠이다.

● 일간 戊土는 申酉戌에서 병사묘가 된다.

● 병사묘는 일이 점점 줄어들고 한가해지는 시기이다.

● 천간의 속성을 지켜야 실패하지 않는다.

- 월간 甲木은 정관이다.

- 월지나 운에서 寅卯辰이 오면 정관 甲木은 록왕쇠이다.

- 이때 일간 己土는 병사묘가 된다.

- 정관 甲木은 안에서 밖으로 나오며 확산 상승 운동을 한다.

時	日	月	年
○	庚	丁	○
○	○	○	○

- 월간 丁火는 정관이다.

- 월지나 운에서 亥子丑이 오면 정관은 록왕쇠이다.

- 일간 庚金은 亥子丑에서 병사묘가 된다.

- 병사묘는 퇴근과 같아서 일을 줄여야 한다.

- 정관 丁火는 더 응축 더 하강하는 속성을 가지고 있다.

時	日	月	年
○	辛	丙	○
○	○	○	○

- 월간 丙火는 정관이다.

- 월지나 운에서 巳午未가 오면 정관은 록왕쇠이다.

- 일간 辛金은 巳午未에서 병사묘이다.
- 정관 丙火는 더 확산 더 상승하는 속성을 가지고 있다.

時	日	月	年
○	壬	己	○
○	○	○	○

- 월간 己土는 정관이다.
- 壬水와 己土는 더 응축 더 하강하는 속성을 가지고 있다.
- 월지나 운에서 亥子丑이 오면 정관은 록왕쇠이다.
- 일간 壬水도 亥子丑에서 록왕쇠이다.
- 록왕쇠는 가장 바쁘게 일하는 시기이다.

時	日	月	年
○	癸	戊	○
○	○	○	○

- 월간 戊土는 정관이다.
- 癸水와 戊土는 더 확산 더 상승하는 속성을 가지고 있다.
- 월지나 운에서 巳午未가 오면 정관은 록왕쇠이다.
- 일간 癸水도 巳午未에서 록왕쇠이다.
- 戊土는 양간이므로 밖으로 나오는 운동을 한다.
- 癸水는 음간이므로 안으로 들어가는 운동을 한다.

삼합(三合)과 방합(方合)

나이스서주방의 다시 쓰는 명리학

...이론편...

삼합과 방합

  명리학에 정도를 벗어난 잡다한 이론이나 편법이 등장하는 이유는 음과 양은 대등하다는 자연의 법을 외면했기 때문이다. 음과 양은 대등하다는 본질에 충실해서 천간과 지지 중심의 공부를 한다면 지엽적인 형·충·파·해나 여러 가지 신살 등에서 벗어날 수 있다. 본질을 외면하고 지엽적인 것으로 잔꾀를 부리는 일은 그만두어야 한다.

  역사를 되돌아보면 음지에서 살아가는 작고 낮고 좁은 것은 무시해 왔다. 남녀관계도 마찬가지이다. 선진국이라는 나라도 여자는 어린이처럼 보호 대상으로 여기고 과거에는 투표권도 주지 않는 경우도 많았다. 대부분의 종교도 지금까지 남녀 차별을 하는 경우가 있다. 자연의 법을 공부하는 명리학에서는 그럴 수는 없다. 자연의 법에서는 밤과 낮처럼 음과 양은 대등하다. 음과 양이 대등할 때 개인이나 사회나 활력이 넘치는 건강하고 건전한 모습을 찾는다. 눈에 보이는 양(陽)을 대우하는 것처럼 눈에 보이지 않는 음지에서 일하는 사람들에게도 똑같은 대우를 해야 한다.

눈에 보이는 양(陽) 중심으로 명리학을 하다 보니 맞을 리가 없다. 근본 문제를 해결하려 하지 않고 양(陽) 중심의 오행으로 얼버무리며 온갖 잡다한 형·충·파·해나 이름도 알 수 없는 수많은 신살 그리고 격국이나 허자 등으로 명리학을 더욱 어지럽게 만들어 버렸다. 근본을 외면하고 일어나는 부작용을 대충대충 땜질하는 식으로 온갖 잡다한 이론만 생성하니 정식 학문으로 정착할 리가 없었다. 삼합과 방합도 그중 하나이다.

기존의 명리학은 삼합과 방합을 말할 때 寅卯辰이나 亥卯未는 木이 강하다고 한다. 木에도 전혀 다른 甲木과 乙木이 있는데 그냥 木이라고 한다. 또 亥卯未나 寅卯辰 모두 다른 글자들인데 대충 木이라고 넘겨 버린다. 다른 삼합이나 방합도 마찬가지이다. 巳午未나 寅午戌은 火가 강하다고 하고, 申酉戌과 巳酉丑은 金이 강하다고 한다. 그리고 亥子丑과 申子辰은 水가 강하다고 한다. 음간과 양간의 차이를 구분하지 못하고 대충 오행으로 설명하고 넘어간다.

또 원국과 대운과 세운을 구분하지 못하니 삼합과 방합에 해당하는 글자가 보이기만 하면 어디에 있든지 삼합·방합이라고 한다. 심지어는 미리 알고 있는 결과에 맞추려고 삼합·방합을 들먹이기도 한다.

원국과 운의 관계를 모르고 학문적 원칙이 없으니 눈치코치를 동원하여 주먹구구식으로 이야기하여 혼란만 부채질한다.

삼합과 방합은 반드시 연지·월지·일지 순서여야 한다!!

삼합과 방합은 반드시 원국에서 연지·월지·일지 순서로 놓여야 한다. 그 외에는 삼합과 방합을 이야기할 필요가 없다. 월지에는 삼합과 방합의 가운데에 반드시 왕지 글자가 와야 한다.

_寅卯辰이나 亥卯未가 연·월·일지에 있어서 방합과 삼합이 제대로 성립되었다고 할 때 강해지는 천간은 단지 甲木만이 아니다. 甲木과 짝을 이룬 辛金도 강해진다.

_마찬가지로 巳午未와 寅午戌에서는 丙火와 戊土 그리고 癸水가 강해진다.

_申酉戌과 巳酉丑에서는 庚金과 乙木이 강해진다.

_亥子丑과 申子辰에서는 壬水와 丁火 그리고 己土가 강해진다.

천간	甲木과 辛金	丙火 戊土와 癸水	庚金과 乙木	壬水 丁火와 己土
삼합	亥卯未	寅午戌	巳酉丑	申子辰
방합	寅卯辰	巳午未	申酉戌	亥子丑

삼합

_亥卯未_{해묘미} ： 甲木 · 辛金이 12운성 생왕묘
_寅午戌_{인오술} ： 丙火 · 戊土 · 癸水가 12운성 생왕묘
_巳酉丑_{사유축} ： 庚金 · 乙木이 12운성 생왕묘
_申子辰_{신자진} ： 壬水 · 丁火 · 己土가 12운성 생왕묘

	연지	월지	일지	생왕묘	록사양	병태대	절욕쇠
亥卯未	亥	卯	未	甲木 辛金	壬水 丁火 己土	庚金 乙木	丙火 戊土 癸水
寅午戌	寅	午	戌	丙火 戊土 癸水	甲木 辛金	壬水 丁火 己土	庚金 乙木
巳酉丑	巳	酉	丑	庚金 乙木	丙火 戊土 癸水	甲木 辛金	壬水 丁火 己土
申子辰	申	子	辰	壬水 丁火 己土	庚金 乙木	丙火 戊土 癸水	甲木 辛金

삼합은 장생(長生)에서 태어나 제왕에 이르렀다가 묘(墓)로 돌아가는 글자들의 모임이다. 어렸을 때 어떤 일을 시작해서 왕성하게 활동하다가 나이 들어 은퇴하는 모양이다. 연예인이나 스포츠인 중에 그런 사람들이 있다. 물론 잘 알려지지는 않았더라도 학문이나 종교 등 다른 분야에 종사하는 사람들도 있다.

_亥卯未가 연·월·일지 순서로 되어 있으면 甲木과 辛金이 생왕묘가 된다.

_寅午戌이 연·월·일지 순서로 되어 있으면 丙火와 戊土 또는 癸水가 생왕묘가 된다.

_巳酉丑이 연·월·일지 순서로 되어 있으면 庚金과 乙木이 생왕묘가 된다.

_申子辰이 연·월·일지 순서로 되어 있으면 壬水와 丁火 또는 己土가 생왕묘가 된다.

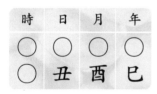

● 巳酉丑이 연월일시 순서대로 되어 있으니 삼합이 된다.

● 庚金과 乙木이 천간에 있으면 격이 된다. 격은 팔자에서 가장 강한 세력이다.

● 천간에 庚金과 乙木이 없다면 지지 巳酉丑 삼합 중심으로 살아가면

된다. 천간과 지지가 다를 때는 지지가 우선하기 때문이다.

● 巳酉丑 삼합이 아니다.

● 월지가 축이므로 庚金과 乙木은 12운성 묘가 된다.

● 庚金과 乙木이 천간에 있어도 격으로 잡지 못한다.

방합

_寅卯辰인묘진 : **甲木 · 辛金이 12운성 록왕쇠**
_巳午未사오미 : **丙火 · 戊土 · 癸水가 12운성 록왕쇠**
_申酉戌신유술 : **庚金 · 乙木이 12운성 록왕쇠**
_亥子丑해자축 : **壬水 · 丁火 · 己土가 12운성 록왕쇠**

	연지	월지	일지	록왕쇠	병사묘	절태양	생욕대
寅卯辰	寅	卯	辰	甲木 辛金	壬水 丁火 己土	庚金 乙木	丙火 戊土 癸水
巳午未	巳	午	未	丙火 戊土 癸水	甲木 辛金	壬水 丁火 己土	庚金 乙木
申酉戌	申	酉	戌	庚金 乙木	丙火 戊土 癸水	甲木 辛金	壬水 丁火 己土
亥子丑	亥	子	丑	壬水 丁火 己土	庚金 乙木	丙火 戊土 癸水	甲木 辛金

삼합이 장생·제왕·묘의 결합이라면, 방합은 건록·제왕·쇠에 해당하는 글자들의 결합이다. 방합은 일찍부터 록왕쇠로 두각을 나타낸다. 어린 시절부터 스포츠나 음악 등으로 전국에 이름을 알리고, 청년 시절을 거쳐 중년에 이르기까지 유명세를 이어간다.

_寅卯辰이 연·월·일지 순서로 되어 있으면 甲木과 辛金이 록왕쇠가
된다.

_巳午未가 연·월·일지 순서로 되어 있으면 丙火와 戊土 또는 癸水가
록왕쇠가 된다.

_申酉戌이 연·월·일지 순서로 되어 있으면 庚金과 乙木이 록왕쇠가
된다.

_亥子丑이 연·월·일지 순서로 되어 있으면 壬水와 丁火 또는 己土가
록왕쇠가 된다.

● 亥子丑이 연월일지에 순서대로 있으니 방합이다.

● 亥子丑 방합이 되면 壬水와 丁火, 己土의 세력이 무척 강해진다.

● 천간에 壬水와 丁火, 己土가 있다면 격으로 삼는다. 천간에 없다면
지지가 우선이므로 지지 亥子丑 중심으로 壬水와 丁火 그리고 己土
를 사용하면 된다.

●구태여 방합을 이야기할 필요가 없다.

●월지가 子이므로 壬水와 丁火 그리고 己土가 제왕이다.

●천간에 壬水와 丁火 또는 己土가 있다면 격으로 삼을 수 있다.

나이스사주명리

다시 쓰는 명리학

천간합(天干合)과 지지충(地支沖)

나이스서주땡퀴 다시 쓰는 명리학

...이론편...

천간합과 지지충

천간합과 지지충은 천간과 지지에서 반대편 글자로 음양 운동이 활발하다. 천간합과 지지충은 가장 먼 거리를 왕복하는 것과 같으니 팔자의 그릇이 크다. 그릇이 크다고 무조건 좋은 것은 아니다. 그릇이 큰 프로들의 삶은 힘들다.

천간합(天干合)

천간합은 가장 멀리 있는 반대편 천간끼리의 짝이다. 甲木과 己土, 乙木과 庚金, 丙火와 辛金, 丁火와 壬水, 戊土와 癸水가 천간합이다.

천간은 생각, 뜻, 욕심을 나타낸다.

천간합이 되면 음양 운동이 가장 활발하니 생각, 뜻, 욕심이 커진다. 뜻이 큰 인물이 될 가능성이 있다. 물론 팔자 지지에서 그릇의 크기가 결정되고 또 운의 도움을 받아야 현실에서 이룰 수 있다. 또 팔자 주인공의 노력이 필수적이다. 아무리 좋은 것을 주어도 알아차리지 못한 사람도 많다.

만물은 생장수장(生長收藏)의 과정을 거친다. 예외는 없다. 눈에 보이지 않는다고 없어진 것이 아니다. 액체가 기체가 되고 기체가 다시 액체가 되듯이 보였다가 보이지 않았다가 하는 것이 자연의 음양 운동이다.

음양 운동은 나갔다가 들어오고, 올라갔다가 내려오는 운동이다. 木운동도 마찬가지이고 火운동도 마찬가지이며, 土운동도 金운동도 水운동도 마찬가지이다. 물은 아래로 흐르는 것만이 아니다. 올라갔으니 내려온다. 壬水가 내려오고 癸水가 올라간다. 불 또한 타오르는 것만이 아니다. 내려와야 다시 올라갈 수 있다. 丙火가 올라가면 丁火는 내려온다, 사람들은 눈에 보이는 양(陽)만 믿는 경향이 있다. 보이지 않는 음이 50% 존재한다.

허공에 떠도는 음(陰)과 양(陽)은 때가 되면 짝을 찾는다. 음이 양을 만나고 양이 음을 만나면 활력이 생기고 새로운 생명을 탄생시킨다.

_甲己합

- 천간에서는 甲木과 己土가 반대편에 있으니 음양 운동이 활발하다. 천간은 생각일 뿐이다. 지지 현실의 도움을 받아야 한다.
- 己土는 亥子丑에서 록왕쇠가 되고, 甲木은 寅卯辰에서 록왕쇠가 된다.
- 팔자의 지지에서 그릇의 크기가 결정되고, 운에 의해 사용할 가능성이 결정된다. 천간의 글자만으로 이룰 수 있는 것은 없다.

_乙庚합

- 천간에서는 乙木과 庚金이 반대편에 위치하지만, 지구에서는 지축의 기울기로 인하여 상황이 달라진다. 乙木과 庚金은 손바닥과 손등처럼 항상 함께 다닌다.
- 乙木과 庚金은 둘 다 申酉戌에서 록왕쇠가 되고, 寅卯辰에서 절태양이 된다.
- 팔자의 지지에서 그릇의 크기가 결정되고, 운에 의해 사용할 가능성이 결정된다. 천간의 글자만으로 이룰 수 있는 것은 없다.

_丙辛합

- 천간에서는 丙火와 辛金이 반대편에 있으니 음양 운동이 활발하다. 천간은 생각일 뿐이다. 지지 현실의 도움을 받아야 한다.
- 丙火는 巳午未에서 록왕쇠가 되고, 辛金은 寅卯辰에서 록왕쇠가 된다.
- 팔자의 지지에서 그릇의 크기가 결정되고, 운에 의해 사용할 가능성이 결정된다. 천간의 글자만으로 이룰 수 있는 것은 없다.

_丁壬합

- 천간에서는 丁火와 壬水가 반대편에 있으니 음양 운동이 활발하다. 천간은 생각일 뿐이다. 지지 현실의 도움을 받아야 한다.
- 丁火와 壬水는 손바닥과 손등처럼 항상 함께 다닌다.
- 丁火와 壬水는 둘 다 亥子丑에서 록왕쇠가 되고, 巳午未에서 절태양

이 된다.

- 팔자의 지지에서 그릇의 크기가 결정되고, 운에 의해 사용할 가능성이 결정된다. 천간의 글자만으로 이룰 수 있는 것은 없다.

戊癸합

- 천간에서는 戊土와 癸水가 반대편에 있으니 음양 운동이 활발하다. 천간은 생각일 뿐이다. 지지 현실의 도움을 받아야 한다.
- 戊土와 癸水는 약간의 차이는 있지만 거의 비슷하게 함께 다닌다.
- 戊土와 癸水는 둘 다 巳午未에서 록왕쇠가 되고, 亥子丑에서 절태양이 된다.
- 팔자의 지지에서 그릇의 크기가 결정되고, 운에 의해 사용할 가능성이 결정된다. 천간의 글자만으로 이룰 수 있는 것은 없다.

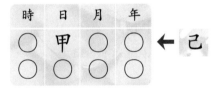

- 甲木의 반대편에는 己土가 있다.
- 甲木과 己土는 반대편에서 마주 보고 앉아 있다.
- 己土 운이 오면 甲木은 약해진다.
- 천간이 약해지면 생각이 없어진다는 의미이다.
- 마음에 없는 일을 하면 실패할 가능성이 커진다.

- 乙木의 반대편에 庚金이 있다.
- 庚金 운이 오면 일간 乙木은 약해진다.
- 천간이 약해지면 생각이 없어진다는 의미이다.
- 마음에 없는 일을 하면 실패할 가능성이 커진다.
- 팔자에 있는 글자들은 운에 무조건 복종해야 한다.

- 丙火와 辛金은 서로 반대편에 있다.
- 辛金 운이 오면 丙火는 약해진다.
- 천간이 약해지면 생각이 없어진다는 의미이다.
- 마음에 없는 일을 하면 실패할 가능성이 커진다.
- 힘이 없을 때는 조용히 있으면 좋다.

- 丁火와 壬水는 음양 관계이다.

- 壬水 운이 올 때 丁火는 약해진다.
- 약할 때는 조용히 있어야 한다.
- 천간이 약해지면 생각이 없어진다는 의미이다.
- 마음에 없는 일을 하면 실패할 가능성이 커진다.

- 戊土와 癸水는 천간합이다.
- 천간합은 반대편 천간 글자들의 조합이다.
- 癸水 운이 오면 戊土는 힘을 잃는다.
- 천간이 약해지면 생각이 없어진다는 의미이다.
- 마음에 없는 일을 하면 실패할 가능성이 커진다.

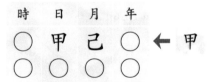

- 甲木 운이 오면 甲木은 힘을 얻고 己土는 힘을 잃는다.
- 천간이 힘을 얻으면 생각이 강해진다.
- 천간이 힘을 잃으면 생각이 약해진다.
- 운에서 약해지는 글자보다는 강해지는 글자를 사용해야 한다.
- 물론 운의 지지를 보면서 결정한다.

●현실을 무시하고 뜻을 이룰 수는 없기 때문이다.

●庚金 정관이 乙木 운에 약해진다.

●정관을 쓸 생각이 약해진다.

●마음에 없는 일을 하면 실패할 가능성이 있다.

●항상 운의 글자가 주도권을 잡는다.

●丙火 운에 편재 辛金은 약해진다.

●丙火와 반대편에 있는 庚辛壬도 마찬가지이다.

●약해지는 글자를 사용하면 실패하기 쉽다.

●丁火 운에 壬水 정관은 힘을 잃는다.

●丁火 운에 일간 丁火는 힘을 얻는다.

- 운에서 약해지는 글자보다는 강해지는 글자를 사용해야 한다.
- 물론 운의 지지를 보면서 결정한다.
- 현실을 무시하고 뜻을 이룰 수는 없기 때문이다.

- 戊土 운에 정인 癸水는 힘이 약해진다.
- 癸水 정인을 사용하고 싶은 마음이 사라진다.
- 천간은 하고 싶은 마음을 나타낸다.
- 운에서 강해질 때 사용해야 한다.

- 庚金 운에는 정관 庚金이 힘을 얻는다.
- 정관 庚金을 사용하고 싶은 마음이 강해진다.
- 마음으로만 되는 것은 아니다.
- 운의 지지 현실을 보면서 뜻을 펼쳐야 한다.

지지충(地支沖)

지지충도 천간합처럼 가장 멀리 마주 보고 위치하는 지지의 조합이다. 가장 먼 거리를 왕복달리기하는 것과 같다. 프로의 기질이 있다. 프로의 삶은 힘들다.

지지는 현실을 의미하므로 가까운 지지들은 가깝게 살고, 먼 지지들은 멀리 떨어져 살면 좋다. 거리가 멀수록 힘은 들지만 힘들수록 얻는 것이 많다. 글자 자체에 좋고 나쁨은 없다. 글자의 속성을 지키느냐가 중요하다.

子水와 午火, 丑土와 未土, 寅木과 申金, 卯木과 酉金, 辰土와 戌土, 巳火와 亥水, 午火와 子水, 未土와 丑土, 申金과 寅木, 酉金과 卯木,

戌土와 辰土, 亥水와 巳火가 충이 되는 글자들이다. 충이 되는 글자들이 가까이 붙어 있으면 충돌이 생긴다. 충돌 후 다시 떨어져 나간다. 충돌이 있기 전에 떨어지면 좋다.

_子午충

- 子水와 午火는 정반대 쪽에 있는 지지 글자들의 조합이다.
- 지지가 멀리 떨어져 있을 때는 떨어져 살면 좋다. 붙어 있으면 충돌이 생긴다.
- 子水와 午火 고유의 속성은 그대로 유지한다.

_丑未충

- 丑土와 未土는 정반대 쪽에 있는 지지 글자들의 조합이다.
- 멀리 있는 지지들은 멀리 있어야 한다. 자연의 법을 지켜야 한다. 붙어 있으면 충돌이 생긴다.
- 丑土와 未土 고유의 속성은 그대로 유지한다.

_寅申충

- 寅木과 申金은 정반대 쪽에 있는 지지 글자들의 조합이다.
- 寅申의 글자는 떨어져 살면 좋다. 붙어 있으면 충돌이 생긴다. 글자 자체에 좋고 나쁨은 없다. 글자의 속성을 지키느냐가 중요하다.
- 寅木과 申金 고유의 속성은 그대로 유지한다.

_卯酉충

- 卯木과 酉金은 정반대 쪽에 있는 지지 글자들의 조합이다.
- 지지 글자들이 멀리 있으면 떨어져 살아야 좋다. 붙어 있으면 충돌이 생긴다.
- 卯木과 酉金 고유의 속성은 그대로 유지한다.

_辰戌충

- 辰土와 戌土는 정반대 쪽에 있는 지지 글자들의 조합이다.
- 충이라고 무조건 충돌이 생기는 것은 아니다. 멀리 있어야 할 글자들이 붙어 있으면 충돌이 생긴다.
- 辰土와 戌土 고유의 속성은 그대로 유지한다.

_巳亥충

- 巳火와 亥水는 정반대 쪽에 있는 지지 글자들의 조합이다.
- 지지는 살아가는 현실이다. 글자가 가까우면 가깝게 살면 되고, 글자가 멀리 있으면 떨어져 살면 된다. 멀리 떨어져야 할 때 함께 살면 충돌이 생긴다.

시간	일간	월간	연간
자식궁	배우자궁	부모 형제궁	조상궁
노년 시절	중년 시절	청년 시절	어린 시절

- 연지와 월지가 충이다.
- 월지가 장성살이니 연지는 재살이다.
- 청년 시절이 되면 연지 조상궁이 약해진다.
- 떨어져 살면 상관없다.

- 월지와 일지가 충이다.
- 월지가 장성살이니 일지는 재살이다.
- 청년 시절이 되면 일지가 약해진다.
- 떨어져 살면 상관없다.

時	日	月	年
○	○	○	○
○	卯	酉	○

- 월지와 일지가 충이다.
- 중년이 되면 일지가 장성살이 된다.
- 중년이 되면 월지는 재살이 된다.

● 중년이 되면 월지인 부모 형제궁이 약해진다.

● 떨어져 살면 상관없다.

時	日	月	年
○	○	○	○
辰	戌	○	○

● 일지와 시지가 충이다.

● 중년 시절에는 일지가 장성살이다.

● 중년 시절에는 시지 자식궁은 재살이다.

● 자녀와 떨어져 살면 좋다.

時	日	月	年
○	○	○	○
○	○	子	○	← 午

● ㅇ과 원국은 임금과 신하의 관계이다.

● 신하는 임금에게 복종해야 한다.

● 午火 운이 오면 월지 子水는 재살이다.

時	日	月	年
○	○	○	○
○	○	丑	○	← 未

● 未土 운에 월지 丑土는 재살이다.

- 未土 운에는 반대편 子丑寅 모두 약해진다.

- 운에서 오는 지지와 반대편 지지는 겁살, 재살, 천살이 된다.

- 겁재천에서는 조용히 지내면 좋다.

- 감투, 확장, 개업, 출마 등은 안 된다.

- 申金 운에 월지 寅木은 재살이다.

- 재살은 수옥살이라고도 한다.

- 조용히 있으면 아무 탈이 없다.

- 운을 이길 수는 없다.

- 酉金 운에 卯木은 재살이다.

- 재살은 운에서 오는 지지의 반대편 글자이다.

- 겨울옷은 여름이 오면 장롱 안으로 들어가야 한다.

- 운을 따르면 탈이 없다.

- 운을 거역할 때 역천자(逆天者)가 되어 어려움을 겪는다.

- 戌 운에 辰土는 재살이다.
- 재살에는 잠을 자듯이 조용히 지내면 탈이 없다.
- 법을 지키지 않으면 벌을 받는다.
- 모든 법 중 가장 최상위 법은 자연의 법이다.

- 亥水 운에 월지 巳火는 재살이다.
- 亥水 운에는 반대편 辰巳午가 천살, 재살, 겁살이 된다.
- 겁재천에서는 잠을 자듯이 조용히 지내면 좋다.
- 하던 일을 하면서 조용히 살면 탈이 없다.
- 변화를 추구하면 안 된다.

- 子水 운에 午火는 재살이 된다.
- 운에서 오는 지지의 반대편 지지가 재살이다.

● 재살 앞과 뒤에 있는 글자들은 겁살과 천살이다.

● 子水 운에는 巳午未가 천살, 재살, 겁살이 된다.

● 丑土 운에 월지 未土는 재살이 된다.

● 운의 글자가 무조건 장성살이다.

● 운의 글자가 가장 강하기 때문이다.

● 팔자의 글자들은 운에 무조건 복종해야 한다.

● 寅木 운에 월지 申金은 재살이다.

● 재살은 운에서 오는 지지의 반대편 지지이다.

● 운에 순종하면 탈이 없다.

● 운을 거역하면 역천자(逆天者)가 된다.

- 월지 酉金은 운의 卯와 반대편에 있다.

- 운의 글자와 반대편에 있는 글자는 재살이다.

- 겁재천에서는 잠을 자듯이 조용히 지내면 좋다.

- 하던 일을 하면서 그대로 지내면 좋다.

- 새로운 일이나 감투를 쓰는 것은 삼가야 한다.

- 辰土 운에 월지 戌土는 재살이다.

- 운의 글자가 무조건 장성살이다.

- 팔자에 있는 모든 글자는 운에 복종해야 한다.

- 여름이 오면 여름 옷을 입어야 한다.

- 巳火 운에 월지 亥水는 재살이다.

- 운에서 오는 지지와 반대편 지지는 재살이다.

●충전 휴식의 기간이 겁살, 재살, 천살이 된다.

●열심히 일하는 시기는 망신살, 장성살, 반안살이다.

●퇴근하고 잠자는 것도 소중하다.

인문학은 사람을 위한 학문이므로 모든 학문은 인문학이다. 자연과학도 결국은 사람을 위한 학문이다. 보통 철학, 종교, 심리, 역사, 예술, 문학 등을 인문학이라고 하는데 좁은 의미의 인문학이다. 인문학의 각 분야는 또 나뉘고 나뉘어 세분되어 간다. 그리고 최종적으로 한 개인, 즉 나를 위한 학문에 도달하는데 그 학문이 사주명리학이다. 사주명리학은 인문학 중 인문학이라고 말할 수 있다.

고전, 종교, 철학, 역사 등 인문학 강의를 듣는 경우가 많다. 그러나 듣는 순간뿐이고 공허하다. '나'에 관한 내용이 아니라 '우리'에 관한 내용이기 때문이다. 모두가 똑같은 생각을 하고 똑같은 환경 속에서 살아가는 것은 아니다. 명리학은 '우리'가 아닌 '나'에 관한 학문이다. 너와 나는 다르다. 너는 너고, 나는 나다. 그래서 내 삶의 주인은 바로 나고 네 삶의 주인은 바로 너다. 나는 나! 누구의 종(從)이 아니다. 사람이 곧 하늘이라는 말도 있다. 인내천(人乃天). 모두 자기의 길을 가야 한다. 자기 길을 가려면 먼저 자기를 알아야 한다. 소크라테스의 "너 자신을 알라."라는 말도 있다.

좋고 나쁜 것은 없다. 서로 다를 뿐이다. 남의 삶을 모방하거나 비교하지 말고 자기의 길을 가야 한다. 남이 내 삶을 방해하지 않도록 해야 한다. 남의 삶에 간섭하지도 말아야 한다. 사회는 각자의 길을 가는 독립된 사람들이 만나 어울려 살아간다. 너무 멀리도 하지 않고 너무 가까이도 하지 않는 불가근불가원(不可近不可遠)을 지켜야 한다.

모두가 주인공이 될 수는 없다. 조연이나 스텝 또는 엑스트라가 없는 영화나 연극은 상상할 수 없다. 권투나 레슬링의 주인공은 선수이다. 주인공의 삶은 무척 힘들다. 주인공이 아닌 관중이나 청중 또는 관객의 삶도 괜찮다. 모두 다 주인공이 될 필요가 없다. 자기의 위치에서 자기의 일을 열심히 할 때 멋있다.

우리말이나 외국어를 처음 배울 때, 듣는 것을 배운 후 말하는 것을 배운다. 토론도 먼저 잘 들어야 한다. 잘 들은 후 자기의 의견을 말해야 한다. 상대방이 틀린 말을 할 리가 없다. 나와 다른 내용을 말하고 있을 뿐이다. 팔자의 천간이 다르니 사람마다 생각이 다르다. 우리는 듣지 않고 말하는 시대에 살고 있다. 잘 들은 후 말해야 한다.

세월이 약이라는 말이 있다. 맞는 말이다. 절대 못 잊을 것 같은 실연의 아픔이나 상대방에 대한 미움과 증오도 세월이 가면 희석된다. 운이 바뀌기 때문이다. 운이란 봄·여름·가을·겨울의 변화를 말한다. 산의 정상에 서면 내려가야 하고, 바닥을 치면 다시 오르게 되어 있다. 항상 좋거나 항상 나쁠 수는 없다. 지치고 힘들 때는 시간에 기대어 이겨내야 한다.

보기 좋은 떡이 먹기도 좋다는 말이 있다. 팔자에서 보통 확산 상승하는 글자들을 보기가 좋다고 한다. 높고 멋진 건물 화려한 장식들이다. 명품 고급 브랜드는 사람들에게 인기가 있다. 그러나 모두 확산 상승을 좋아할 것으로 착각하면 안 된다. 응축 하강을 좋아하는 사람도 있기 때문이다. 백화점이 아닌 재래시장을 좋아하는 사람도 있고, 도시가 아닌 시골을 좋아하는 사람도 있다. 나와 생각이 다른 사람도 있다는 것을 항상 잊어서는 안 된다.

남의 일에 참견하고 훈수하는 사람들이 있다. 사사건건 아는 체하는 사람들이 있다. 이런 사람들의 말을 들어서는 안 된다. 훈수는 훈수일 뿐 결국 모든 책임은 본인에게 돌아온다. 부모나 선생님도 훈수 두는 사람에 속한다. 최종 결정은 반드시 내가 내려야 하고, 그 결과에 내가 책임져야 한다. 삶의 운전대를 남에게 맡겨서는 안 된다. 태어날 때 주어지는 각자의 시간표가 다르기 때문이다.

천간(天干)끼리 관계
[십간론]

나이스자수별권 다시 쓰는 명리학

...이론편...

甲木 일간

안에서 밖으로 나가며 확산 상승하는 속성을 가진 甲木은 寅卯辰에서 록왕쇠, 巳午未에서 병사묘가 되고, 申酉戌에서 절태양, 亥子丑에서 생욕대가 된다.

_甲甲갑갑

甲木은 안에서 밖으로 나가며 확산 상승 운동을 한다. 두 개의 甲木이 확산 상승 운동을 하며 경쟁하는 모습이다. 비견끼리 모이면 시너지 효과가 일어난다. 비견은 육상 선수나 교실 친구처럼 같은 목표를 가지고 같은 방향으로 경쟁한다. 타인과의 경쟁이 아닌 자기와의 경쟁이다. 내 기록, 내 성적만 높이면 된다. 갑목은 寅卯辰에서 록왕쇠이고, 申酉戌에서 절태양이다.

_甲乙_{갑을}

甲木이 겁재 乙木을 만났다. 甲木은 안에서 밖으로 나가며 확산 상승 운동을 하고, 乙木은 밖에서 안으로 들어가며 응축 하강 운동을 한다. 겁재는 마주 보고 싸우는 상대와 같다. 일간 甲木이 겁재 乙木을 다루려면 자기영역으로 끌고 나와야 한다. 甲木은 寅卯辰에서 록왕쇠이고, 乙木은 申酉戌에서 록왕쇠이다. 글자의 속성을 지키면서 운의 흐름에 따르면 탈이 없다.

_甲丙_{갑병}

甲木은 안에서 밖으로 나가며 확산 상승 운동을 하고, 丙火도 안에서 밖으로 나오며 더 확산 더 상승하는 속성을 가지고 있다. 甲木이 丙火 식신을 보면 가진 능력 이상을 발휘한다. 丙火의 확산 상승 운동이 甲木보다 더 강하기 때문이다. 甲木이 丙火 식신을 쓰려면 더 확산 더 상승하는 모습을 취해야 한다. 글자의 속성을 지키면서 사용해야 탈이 없다. 타고난 글자의 속성을 지키지 않았을 때 문제가 생긴다. 팔자 자체에 문제가 있는 것이 아니다. 甲木은 寅卯辰에서 록왕쇠이고, 丙火는 巳午未에서 록왕쇠이다.

_甲丁_{갑정}

甲木은 안에서 밖으로 나가며 확산 상승 운동을 하고, 丁火는 밖에서 안으로 들어가며 더 응축 더 하강하는 속성을 가지고 있다. 甲木이 상관 丁火를 쓰려면 더 응축 더 하강하는 모습을 취해야 한다. 丁

火를 확산 상승 운동으로 사용하면 실패할 확률이 높다. 태어날 때 주어진 팔자의 분수를 지키면서 살아야 한다. 무조건 목화상관이 좋다고 하면 안 된다. 목화상관도 운에 따라 다양하게 나타난다. 丁火는 亥子丑에서 록왕쇠이다.

_ 甲戊 갑무

甲木은 안에서 밖으로 나가며 확산 상승 운동을 하고, 戊土는 더 확산 더 상승하는 丙火에 제동을 걸고 응축 하강하는 속성을 가진 庚金을 돕는다. 甲木이 戊土 편재를 쓰려면 戊土의 속성을 지켜야 한다. 팔자 자체에 좋고 나쁨은 없다. 팔자에 주어진 글자의 속성을 지키면서 운의 흐름을 따르느냐에 따라 결정된다. 팔자가 다르니 다른 사람의 삶에 간섭하지도, 간섭받지도 말아야 한다. 자기 주관, 소신, 철학을 가지고 자기 삶을 살아가야 한다. 戊土는 巳午未에서 록왕쇠이다.

_ 甲己 갑기

甲木은 안에서 밖으로 나가며 확산 상승 운동을 하고, 정재 己土는 더 응축 더 하강하는 丁火를 억제하고 확산 상승하는 辛金을 돕는다. 甲木이 정재 己土를 쓰려면 己土의 속성을 지켜야 한다. 팔자 자체를 가지고 좋다거나 나쁘다고 말하면 안 된다. 글자의 속성을 지키는 것이 중요하다. 甲己합은 의미가 없다. 甲木 운에는 甲木을 쓰고, 己土 운에는 己土를 쓰면 된다. 己土는 亥子丑에서 록왕쇠이고, 巳午未에서 절태양이다.

_甲庚갑경

甲木은 안에서 밖으로 나가며 확산 상승 운동을 하고, 편관 庚金도 안에서 밖으로 나오며 응축 하강 운동을 한다. 甲木이 편관 庚金을 쓰려면 庚金의 속성을 지키는 것이 중요하다. 모든 물건은 쓰임새가 다르다. 팔자의 글자들도 그렇다. 일간과 무관하게 사용하고자 하는 글자의 속성을 지켜야 한다. 庚金은 申酉戌에서 록왕쇠이고, 寅卯辰에서 절태양이다. 일간 甲木은 寅卯辰에서 록왕쇠이고, 申酉戌에서 절태양이다.

_甲辛갑신

甲木은 안에서 밖으로 나가며 확산 상승 운동을 하고, 정관 辛金은 밖에서 안으로 들어가며 확산 상승 운동을 한다. 甲木과 辛金은 손바닥과 손등의 관계와 같다. 항상 같이 다니며 일하고 휴식한다. 甲木과 辛金은 寅卯辰에서 록왕쇠이고, 申酉戌에서 절태양이다. 운의 흐름을 보며 일할 때와 쉴 때를 구분해서 행동으로 옮겨야 한다.

_甲壬갑임

甲木은 안에서 밖으로 나가며 확산 상승 운동을 하고, 편인 壬水도 안에서 밖으로 나오며 더 응축 더 하강하는 속성을 가지고 있다. 甲木이 편인 壬水를 쓰려면 壬水의 속성을 지켜야 한다. 일간의 속성과 쓰고자 하는 글자의 속성이 다를 수 있다. 일간은 절태양인데 쓰고자 하는 식재관의 글자는 록왕쇠일 수 있다. 물론 반대의 경우도 있다.

일간을 따지지 말고 쓰고자 하는 글자의 속성을 지키면 된다. 壬水는
亥子丑에서 록왕쇠이다.

_甲癸갑계

甲木은 안에서 밖으로 나가며 확산 상승 운동을 하고, 정인 癸水는
밖에서 안으로 들어가며 더 확산 더 상승하는 속성을 가지고 있다.
甲木은 양간이고 癸水는 음간이다. 서로 활동하는 운동 방향이 다르
다. 甲木이 정인 癸水를 쓰려면 실내에서 더 확산 더 상승하는 모습
으로 써야 한다. 실내에서 하는 일은 주로 두뇌를 활용한 정신적인
일이다. 癸水는 巳午未에서 록왕쇠가 된다. 록왕쇠에서 가장 바쁘게
일해야 한다.

乙木 일간

밖에서 안으로 들어가며 응축 하강하는 乙木은 寅卯辰에서 절태양,
巳午未에서 생욕대가 되고, 申酉戌에서 록왕쇠, 亥子丑에서 병사묘가
된다.

_乙甲을갑

乙木은 밖에서 안으로 들어가며 응축 하강 운동을 하고, 겁재 甲木
은 안에서 밖으로 나가며 확산 상승 운동을 한다. 정반대이다. 甲木
과 乙木을 구분하지 못하고 그냥 木이라고 하면 안 된다. 겁재는 마
주 보고 싸우는 상대와 같다. 적과 싸울 때는 자기에게 유리한 장소
에서 싸우면 좋다. 음간은 실내에서 싸우면 유리하고, 양간은 실외에
서 싸우면 유리하다. 또 운의 흐름도 중요하다. 일간 乙木이 겁재 甲木

을 다루려면 申酉戌 운이 유리하다. 申酉戌에서는 乙木이 록왕쇠이고, 甲木은 절태양이기 때문이다.

_乙乙 을을

乙木은 밖에서 안으로 들어가며 응축 하강 운동을 한다. 두 개의 乙木이 응축 하강하는 경쟁을 한다. 응축 하강은 겉의 화려함보다는 실속을 추구한다. 비견끼리 모이면 시너지 효과가 일어난다. 비견은 육상 선수나 교실 친구처럼 같은 목표를 가지고 같은 방향으로 경쟁한다. 타인과의 경쟁이 아닌 자기와의 경쟁이다. 내 기록, 내 성적만 높이면 된다. 乙木은 申酉戌에서 록왕쇠이고, 寅卯辰에서 절태양이다.

_乙丙 을병

乙木은 밖에서 안으로 들어가며 응축 하강 운동을 하고, 丙火는 안에서 밖으로 나가며 더 확산 더 상승하는 속성을 가지고 있다. 방향이 서로 다르다. 乙木이 丙火 상관을 쓰려면 丙火의 속성을 지켜야 한다. 팔자 자체로 성패가 결정되는 것이 아니다. 주어진 글자 속성을 지켜야 한다. 乙木이 상관 丙火를 쓰려면 더 확산 더 상승하는 모습을 취해야 한다. 丙火는 巳午未에서 록왕쇠가 되고, 亥子丑에서 절태양이 된다.

_乙丁 을정

乙木은 밖에서 안으로 들어가며 응축 하강 운동을 하고, 식신 丁火

는 밖에서 안으로 들어가며 더 응축 더 하강하는 속성을 가지고 있다. 乙木보다 丁火의 응축 하강하는 능력이 더 뛰어나다. 응축 하강은 외형보다는 실속에 관심이 많다. 乙木이 丁火 식신을 취하려면 밖에서 안으로 들어가며 더 응축 더 하강하는 모습을 취해야 한다. 취하려는 천간의 속성을 지켜야 실패가 없다. 丁火는 亥子丑에서 록왕쇠이고, 巳午未에서 절태양이다.

_乙戊 을무

乙木은 밖에서 안으로 들어가며 응축 하강 운동을 하고, 정재 戊土는 더 확산 더 상승하는 丙火에 제동을 걸고 응축 하강하는 속성을 가진 庚金을 돕는다. 음간은 안으로 들어가는 운동을 하고, 양간은 밖으로 나가는 운동을 한다. 음지식물은 음지에서 살아야 하고, 양지식물은 양지에서 살아야 한다. 실내에서 일해야 할 사람이 있고, 실외에서 일해야 할 사람이 있다. 일간의 강약은 따질 필요가 없다. 사용하고자 하는 글자의 속성과 운의 흐름만 지키면 된다.

_乙己 을기

乙木은 밖에서 안으로 들어가며 응축 하강 운동을 하고, 편재 己土는 더 응축 더 하강하는 丁火를 억제하고 확산 상승하는 辛金을 돕는다. 乙木과 己土는 글자 속성이 다르다. 乙木이 己土 편재를 쓰려면 己土의 속성을 지키면 된다. 일간의 강약과 관계없이 사용하고자 하는 글자 속성만 지키면 된다. 己土는 亥子丑에서 록왕쇠이고, 戊土는

巳午未에서 록왕쇠이다.

_乙庚 을경

乙木은 밖에서 안으로 들어가며 응축 하강 운동을 하고, 정관 庚金은 안에서 밖으로 나가며 응축 하강 운동을 한다. 乙木과 庚金은 손바닥과 손등의 관계와 같아서 항상 같이 다니며 일하고 휴식한다. 乙木과 庚金은 寅卯辰에서 절태양이고, 申酉戌에서 록왕쇠이다. 乙庚합은 의미가 없다. 乙木 운에는 庚金이 약해지고, 庚金 운에는 乙木이 약해지니 운의 천간을 보며 어떤 글자를 사용할지 정한다.

_乙辛 을신

乙木은 밖에서 안으로 들어가며 응축 하강 운동을 하고, 편관 辛金도 밖에서 안으로 들어가며 확산 상승 운동을 한다. 乙木과 辛金은 정반대로 운동한다. 申酉戌에서는 乙木이 록왕쇠이고, 辛金은 절태양이다. 寅卯辰에서는 辛金이 록왕쇠이고, 乙木은 절태양이다.

_乙壬 을임

乙木은 밖에서 안으로 들어가며 응축 하강 운동을 하고, 정인 壬水는 안에서 밖으로 나가며 더 응축 더 하강하는 속성을 가지고 있다. 乙木과 壬水는 활동하는 영역이 실내와 실외로 다르다. 乙木이 壬水를 취할 때는 밖에서 더 응축 더 하강하는 모습을 취해야 한다. 천간은 생각을 나타내기 때문에 천간만 가지고는 판단할 수 없다. 천간은 지지에 따라 형태가 달라진다. 천간은 지지의 영향을 받는다.

_乙癸을계

乙木은 밖에서 안으로 들어가며 응축 하강 운동을 하고, 편인 癸水도 밖에서 안으로 들어가며 더 확산 더 상승하는 속성을 가지고 있다. 일간 乙木이 편인 癸水를 취하려면 癸水의 속성을 지켜야 한다. 확산 상승하는 속성을 가진 글자는 실속을 추구하면 안 된다. 더 확산 더 상승 운동을 하는 글자들은 실속보다는 외형을 더 중요시한다. 癸水는 巳午未에서 록왕쇠이고, 亥子丑에서 절태양이다. 壬水와 반대이다.

丙火 일간

안에서 밖으로 나가며 더 확산 더 상승 운동을 하는 丙火는 寅卯辰에서 생욕대, 巳午未에서 록왕쇠가 되고, 申酉戌에서 병사묘, 亥子丑에서 절태양이 된다.

_丙甲 병갑

丙火는 안에서 밖으로 나가며 더 확산 더 상승 운동을 하고, 편인 甲木은 안에서 밖으로 나가며 확산 상승 운동을 한다. 丙火가 甲木 편인을 취하려면 甲木의 속성만 지키면 된다. 천간의 모습은 지지가 결정한다. 지지 현실의 바탕 위에 천간의 꿈을 실현해야 한다.

_丙乙 병을

丙火는 안에서 밖으로 나가며 더 확산 더 상승 운동을 하고, 乙木은 밖에서 안으로 들어가며 응축 하강 운동을 한다. 丙火가 정인 乙木을 취하려면 乙木의 속성을 지켜야 한다. 불행은 대부분 팔자의 분수를 어길 때 온다. 태어날 때 주어지는 팔자의 시간표를 지키면 문제가 생기지 않는다. 남과 비교하지 말고 자기만의 삶을 살아야 한다.

_丙丙 병병

丙火 두 개가 더 확산 더 상승 운동을 하며 경쟁한다. 비견끼리 모이면 시너지 효과가 일어난다. 비견은 육상 선수나 교실 친구처럼 같은 목표를 가지고 같은 방향으로 경쟁한다. 타인과의 경쟁이 아닌 자기와의 경쟁이다. 내 기록, 내 성적만 높이면 된다. 비견이라도 천간마다 모두 다른 현상으로 나타난다. 십신 중심보다는 천간과 지지 중심으로 공부해야 한다.

_丙丁 병정

丙火는 안에서 밖으로 나가며 더 확산 더 상승 운동을 하고, 丁火는 밖에서 안으로 들어가며 더 응축 더 하강 운동을 하는 속성이 있어서 정반대로 운동한다. 丙火와 丁火를 구분하지 못하고 그냥 火라고 하면 안 된다. 겁재는 마주 보고 싸우는 상대와 같다. 丁火는 음간이니 실내의 작고 좁은 공간에서 실속 위주로 사용하면 좋다.

_丙戊병무

丙火는 안에서 밖으로 나가며 더 확산 더 상승 운동을 하고 戊土는 더 확산 더 상승하는 丙火에 제동을 걸고 응축 하강하는 속성을 가진 庚金을 돕는다. 戊土와 丙火는 속성이 다르므로 丙火가 戊土 식신을 보면 뜻대로 되지 않는다. 戊土가 丙火의 더 확산 더 상승 운동을 막기 때문이다.

_丙己병기

丙火는 안에서 밖으로 나가며 더 확산 더 상승 운동을 하고, 己土는 더 응축 더 하강하는 丁火를 억제하고 확산 상승하는 辛金을 돕는다. 丙火가 상관 己土를 쓰려면 己土의 속성을 지키면 된다. 己土는 작고 낮고 춥고 어두운 공간에서 응축 하강 운동을 확산 상승 운동으로 전환한다.

_丙庚병경

丙火는 안에서 밖으로 나가며 더 확산 더 상승 운동을 하고, 편재 庚金은 안에서 밖으로 나가며 응축 하강 운동을 한다. 丙火가 편재 庚金을 쓰려면 庚金의 속성을 지켜야 한다. 丙火는 응축 하강하는 편재를 취해야 한다. 추구하는 각 글자의 고유 속성을 지키면서 살아가면 탈이 없다.

_丙辛병신

丙火는 안에서 밖으로 나가며 더 확산 더 상승 운동을 하고, 정재 辛金은 밖에서 안으로 들어가며 확산 상승 운동을 한다. 丙火가 정재 辛金을 취하려면 실내에서 정신적인 일을 하면 좋다. 丙辛합은 의미 가 없다. 丙火 운에는 辛金이 약해지고, 辛金 운에는 丙火가 약해지 니 어느 글자를 사용할지는 운을 보면서 결정한다.

_丙壬병임

丙火는 안에서 밖으로 나가며 더 확산 더 상승 운동을 하고, 편관 壬水는 안에서 밖으로 나가며 더 응축 더 하강하는 속성을 가지고 있 다. 일간 丙火와 편관 壬水는 반대로 움직인다. 丙火가 壬水 편관을 취하려면 더 응축 더 하강하는 모습으로 사용해야 한다. 일간의 속성 과 취하려는 십신의 속성과 다른 경우가 많다. 이 때는 취하려는 천 간의 속성을 지키면 된다.

_丙癸병계

丙火는 안에서 밖으로 나가며 더 확산 더 상승 운동을 하고, 癸水 는 밖에서 안으로 들어가며 더 확산 더 상승하는 속성을 가지고 있 다. 丙火와 癸水는 손바닥과 손등의 관계와 같다. 항상 같이 다니며 일하고 휴식한다. 丙火가 정관 癸水를 취하려면 癸水의 속성을 지키 면 된다. 성패는 팔자 자체에 있는 것이 아니다. 성패는 글자의 속성 과 운의 흐름을 얼마나 잘 지키느냐에 달려 있다.

丁火 일간

밖에서 안으로 들어가며 더 응축 더 하강 운동을 하는 丁火는 寅卯
辰에서 병사묘, 巳午未에서 절태양이 되고, 申酉戌에서 생욕대, 亥子
丑에서 록왕쇠가 된다.

_丁甲 정갑

丁火는 밖에서 안으로 들어가며 더 응축 더 하강 운동을 하고, 정인
甲木은 안에서 밖으로 나가며 확산 상승 운동을 한다. 丁火가 甲木
정인을 취하려면 안에서 밖으로 나가면서 확산 상승하는 속성을 지
키면 된다. 아무리 좋은 물건이라도 사용하지 않으면 소용없다. 값싼
물건이라도 잘 활용하면 가치가 높다. 팔자도 태어날 때 주어진 글자
들의 속성을 지켜야 한다. 甲木은 寅卯辰에서 록왕쇠이고, 申酉戌에

서 절태양이다.

_丁乙 정을

丁火는 밖에서 안으로 들어가며 더 응축 더 하강 운동을 하고, 乙木 편인도 실내로 들어가면서 응축 하강 운동을 한다. 丁火가 편인 乙木 을 취하려면 일간의 강약과는 관계없이 乙木의 속성을 따르면 된다. 응축 하강은 외형보다는 실속을 추구한다. 모든 십신은 천간의 속성 에 따라 다른 현상으로 나타난다. 그래서 천간의 속성이 중요하다. 乙木은 申酉戌에서 록왕쇠이고, 寅卯辰에서 절태양이다. 甲木과는 반대이다.

_丁丙 정병

丁火는 밖에서 안으로 들어가며 더 응축 더 하강 운동을 하고, 겁재 丙火는 안에서 밖으로 나가며 더 확산 더 상승하는 속성을 가지고 있 다. 丁火와 丙火는 속성이 정반대이다. 이를 구분하지 못하고 오행으 로 火라고 같은 취급을 하면 안 된다. 겁재는 마주 보고 싸우는 상대 와 같다. 겁재와의 싸움은 승패가 엇갈리니 그래서 더욱 치열하다. 모 든 방법을 동원한다. 丙火는 巳午未에서 록왕쇠이고, 亥子丑에서 절 태양이다. 丁火는 巳午未에서 절태양이고, 亥子丑에서 록왕쇠이다.

_丁丁 정정

일간 **丁火**와 비견 **丁火**는 밖에서 안으로 들어가며 더 응축 더 하강하는 속성을 가지고 있다. 두 개의 丁火가 더 응축 더 하강하는 경쟁을 한다. 비견끼리 모이면 시너지 효과가 일어난다. 비견은 같은 교실에서 공부하는 친구들처럼 같은 목표를 가지고 경쟁한다. 타인과의 싸움이 아닌 자기와의 싸움이니 내 기록, 내 성적만 높이면 된다. 丁火는 亥子丑에서 록왕쇠이고, 巳午未에서 절태양이다.

_丁戊 정무

丁火는 밖에서 안으로 들어가며 더 응축 더 하강 운동을 하고, 상관 戊土는 더 확산 더 상승하는 丙火에 제동을 걸고 응축 하강하는 속성을 가진 庚金을 돕는다. 丁火가 상관 戊土를 쓰려면 화려하게 사용해야 한다. 亥子丑에서는 丁火가 록왕쇠이고, 戊土는 절태양이다. 巳午未에서는 戊土가 록왕쇠이고, 丁火는 절태양이다.

_丁己 정기

丁火는 밖에서 안으로 들어가며 더 응축 더 하강 운동을 하고, 己土는 더 응축 더 하강하는 丁火를 억제하고 확산 상승하는 辛金을 돕는다. 丁火와 己土는 비슷하나 차이가 있다. 丁火가 己土 식신을 취하려면 己土의 속성을 지켜야 한다. 취하려는 천간의 속성을 지켜야 실패가 없다. 己土는 응축 하강 운동을 확산 상승 운동으로 전환한다. 반대로 戊土는 확산 상승 운동을 응축 하강 운동으로 전환한다.

_丁庚 정경

丁火는 밖에서 안으로 들어가며 더 응축 더 하강 운동을 하고, 정재 庚金은 안에서 밖으로 나가며 응축 하강 운동을 한다. 丁火는 음간이고 庚金은 양간이므로 활동하는 공간이 다르다. 일간 丁火에게 庚金은 정재이다. 재성은 일간이 마음대로 다룰 수 있는 대상이다. 丁火는 庚金 정재를 응축 하강, 즉 실속을 추구하는 방향으로 사용해야 한다. 庚金은 申酉戌에서 록왕쇠이다.

_丁辛 정신

丁火는 밖에서 안으로 들어가며 더 응축 더 하강 운동을 하고, 편재 辛金은 밖에서 안으로 들어가며 확산 상승 운동을 한다. 丁火가 辛金 편재를 쓰려면 辛金의 속성인 실내에서 확산 상승하는 모양을 취해야 한다. 타고난 글자의 속성을 지키지 않을 때 문제가 생긴다. 팔자는 태어날 때 주어지는 그릇의 종류와 크기 차이만 있을 뿐이다. 태어날 때 정해진 팔자는 죽을 때까지 그대로이니 팔자만 쳐다보고 있으면 안 된다. 운의 흐름에 따라 변하는 팔자의 글자들을 살펴야 한다.

_丁壬 정임

丁火는 밖에서 안으로 들어가며 더 응축 더 하강 운동을 하고, 정관 壬水는 안에서 밖으로 나가며 더 응축 더 하강하는 속성을 가지고 있다. 丁火와 壬水는 음간과 양간으로 손바닥과 손등처럼 하나의 쌍이다. 항상 같이 다니며 일하고 휴식한다. 丁火와 壬水는 亥子丑에서 록왕쇠이고, 巳午未에서 절태양이다. 丁壬합은 의미가 없다. 丁火 운에는 壬水가 약해지고, 壬水 운에는 丁火가 약해지니 운에서 강해지는 글자를 사용하면 좋다.

_丁癸정계

丁火는 밖에서 안으로 들어가며 더 응축 더 하강 운동을 하고, 편관 癸水는 밖에서 안으로 들어가며 더 확산 더 상승하는 속성을 가지고 있다. 丁火와 癸水는 속성이 정반대이다. 일간 丁火가 편관 癸水를 쓰려면 확산 상승하는 모습을 취해야 한다. 巳午未에서는 癸水가 록왕쇠이고, 丁火는 절태양이 된다. 亥子丑에서는 丁火가 록왕쇠이고, 癸水는 절태양이다.

戊土 일간

더 확산 더 상승하는 丙火에 제동을 걸고 응축 하강하는 속성을 가진 庚金을 돕는 속성을 지닌 戊土는 寅卯辰에서 생욕대, 巳午未에서 록왕쇠가 되고, 申酉戌에서 병사묘, 亥子丑에서 절태양이 된다.

_戊甲무갑

戊土는 더 확산 더 상승하는 丙火에 제동을 걸고 응축 하강하는 속성을 가진 庚金을 돕는다. 편관 甲木은 안에서 밖으로 나가며 확산 상승 운동을 한다. 戊土가 甲木 편관을 쓰려면 확산 상승하는 모습을 취해야 한다. 운이 寅卯辰으로 가면 甲木 편관은 록왕쇠이고, 巳午未 운에서는 일간 戊土가 록왕쇠이다. 록왕쇠에서는 몹시 바쁘고, 절태양에서는 한가하다.

_戊乙 무을

戊土는 더 확산 더 상승하는 丙火에 제동을 걸고 응축 하강하는 속성을 가진 庚金을 돕는다. 정관 乙木은 밖에서 안으로 들어가며 응축 하강 운동을 한다. 戊土와 乙木은 양간과 음간이니 활동하는 영역이 다르다. 申酉戌 운에는 乙木이 록왕쇠이다. 乙木 정관은 음간이니 강해질수록 안으로 들어가서 보이지 않게 된다. 보이지 않는 음을 잘 알아야 음양을 이해했다고 할 수 있다. 음과 양은 50 : 50이다.

_戊丙 무병

丙火는 안에서 밖으로 나가며 더 확산 더 상승 운동을 하고, 戊土는 더 확산 더 상승하는 丙火에 제동을 걸고 응축 하강하는 속성을 가진 庚金을 돕는다. 戊土와 편인 丙火는 火土동법으로 12운성을 같이 쓰고 있지만 차이는 있다. 록왕쇠에서 모두 크고 높아진다고 생각하면 안 된다. 응축 하강하는 글자는 록왕쇠에서 응축 하강하게 된다. 천간의 속성에 따라 다른 현상이 나타난다. 丙火와 戊土는 巳午未에서 록왕쇠이다.

_戊丁 무정

戊土는 더 확산 더 상승하는 丙火에 제동을 걸고 응축 하강하는 속성을 가진 庚金을 돕는다. 정인 丁火는 밖에서 안으로 들어가며 더 응축 더 하강하는 속성을 가지고 있다. 戊土와 丁火는 양간과 음간으로 활동 영역이 다르다. 巳午未에서는 戊土가 록왕쇠이고, 丁火는 절태양이 된다. 亥子丑에서는 丁火가 록왕쇠이고, 戊土는 절태양이 된다. 글자의 속성을 지키면서 운의 흐름을 따라야 탈이 없다.

_戊戈무무

戊土는 더 확산 더 상승하는 丙火에 제동을 걸고 응축 하강하는 속성을 가진 庚金을 돕는다. 두 개의 戊土가 경쟁한다. 비견이 있으면 시너지 효과가 일어난다. 비견은 같이 공부하는 친구처럼 같은 목표를 가지고 경쟁한다. 비견은 타인과의 경쟁이 아닌 자기와의 경쟁이다. 내 기록, 내 성적만 높이면 된다. 반면 겁재는 타인과 경쟁함으로 승패가 엇갈린다.

_戊己무기

戊土는 더 확산 더 상승하는 丙火에 제동을 걸고 응축 하강하는 속성을 가진 庚金을 돕는다. 겁재 己土는 더 응축 더 하강 운동을 하는 丁火를 억제하고 확산 상승하는 辛金을 돕는다. 戊土와 己土는 속성이 정반대이다. 戊土는 확산 상승 운동을 응축 하강 운동으로 바꾸고, 己土는 응축 하강 운동을 확산 상승 운동으로 바꾼다. 글자의 속성을 지키지 않으면 문제가 생긴다. 팔자 자체에는 차이만 있을 뿐 좋고 나쁨은 없다.

_戊庚무경

戊土는 더 확산 더 상승하는 丙火에 제동을 걸고 응축 하강하는 속성을 가진 庚金을 돕는다. 식신 庚金은 안에서 밖으로 나가며 응축 하강 운동을 한다. 戊土가 庚金 식신을 쓰려면 응축 하강하는 모습을 취해야 한다. 십신을 활용할 때는 천간의 속성을 지켜야 한다. 글자 자체로 좋고 나쁨은 없다. 庚金은 안에서 밖으로 나가는 운동을 하고 申酉戌에서 록왕쇠이다.

_戊辛 무신

戊土는 더 확산 더 상승하는 丙火에 제동을 걸고 응축 하강하는 속성을 가진 庚金을 돕는다. 상관 辛金은 밖에서 안으로 들어가며 확산 상승 운동을 한다. 戊土가 상관 辛金을 취하려면 辛金의 확산 상승하는 속성을 지켜야 한다. 팔자 자체에서 성패가 나타나지는 않는다. 글자의 속성을 지키면 문제가 생기지 않는다. 운이 寅卯辰으로 가면 辛金이 록왕쇠가 되고, 巳午未 운에서는 戊土가 록왕쇠이다.

_戊壬 무임

戊土는 더 확산 더 상승하는 丙火에 제동을 걸고 응축 하강하는 속성을 가진 庚金을 돕는다. 편재 壬水는 안에서 밖으로 나가며 더 응축 더 하강하는 속성을 가지고 있다. 戊土와 壬水는 속성이 다르다. 戊土가 편재 壬水를 취하려면 더 응축 더 하강하는 방법을 사용해야 한다. 성패는 팔자 자체에 있는 것이 아니고, 글자의 속성과 운의 흐름을 얼마나 잘 지키느냐에 달려 있다. 크건 작건 필요할 때 필요한 곳에 있으면 좋다. 크고 높고 많다고 좋은 것이 아니다.

_戊癸무계

戊土는 더 확산 더 상승하는 丙火에 제동을 걸고 응축 하강하는 속성을 가진 庚金을 돕는다. 정재 癸水는 밖에서 안으로 들어가며 더 확산 더 상승하는 속성을 가지고 있다. 戊土가 癸水 정재를 취하려면 더 확산 더 상승하는 모습을 취해야 한다. 戊土와 癸水는 巳午未에서 록왕쇠이고, 亥子丑에서 절태양이다. 戊癸합은 의미가 없다. 戊土 운에는 癸水가 약해지고, 癸水 운에는 戊土가 약해지니 운의 흐름을 따라 사용하면 될 뿐이다.

己土 일간

더 응축 더 하강하는 丁火를 억제하고 확산 상승하는 辛金을 돕는 己土는 寅卯辰에서 병사묘, 巳午未에서 절태양이 되고, 申酉戌에서 생욕대, 亥子丑에서 록왕쇠가 된다.

_己甲기갑

己土는 더 응축 더 하강하는 丁火를 억제하고 확산 상승하는 辛金을 돕는다. 정관 甲木은 안에서 밖으로 나가며 확산 상승 운동을 한다. 己甲합은 의미가 없다. 己土 운에는 甲木이 약해지고, 甲木 운에는 己土가 약해지니 어느 글자를 사용할지는 운의 흐름을 보며 결정한다. 원국에서는 천간보다 지지 중심으로 봐야 하고 원국과 운을 볼 때는 운을 중심으로 보아야 한다. 甲木은 寅卯辰에서 록왕쇠이고, 申

酉戌에서 절태양이다.

_己乙 기을

己土는 더 응축 더 하강하는 丁火를 억제하고 확산 상승하는 辛金을 돕는다. 편관 乙木은 밖에서 안으로 들어가며 응축 하강 운동을 한다. 己土가 乙木 편관을 사용하려면 乙木의 속성을 지켜야 한다. 자기 시간표를 버리고 다른 사람의 시간표를 따르면 안 된다. 남의 삶에 간섭하지도 말고 남에게 간섭받지도 말아야 한다. 자기 시간표를 지키며 자기 삶을 살아야 한다. 시간표를 지킨다고 우등상을 받는 것은 아니다. 시간표를 잘 지키면 무난하게 졸업한다.

_己丙 기병

己土는 더 응축 더 하강하는 丁火를 억제하고 확산 상승하는 辛金을 돕는다. 정인 丙火는 안에서 밖으로 나가며 더 확산 더 상승하는 속성을 가지고 있다. 己土와 丙火는 속성이 다르다. 巳午未에서는 丙火가 록왕쇠이고, 己土는 절태양이다. 亥子丑에서는 己土가 록왕쇠이고, 丙火는 절태양이다. 록왕쇠에서는 바쁘고, 절태양에서는 한가하다. 어느 글자를 어떻게 사용할지는 팔자 주인공의 선택에 달려 있다. 무조건 팔자타령을 해서는 안 된다.

_己丁 기정

己土는 더 응축 더 하강하는 丁火를 억제하고 확산 상승하는 辛金

을 돕는다. 편인 丁火는 밖에서 안으로 들어가며 더 응축 더 하강하는 속성을 가지고 있다. 己土와 丁火는 속성이 비슷하지만 같은 것은 아니다. 己土는 丁火의 더 응축 더 하강 운동에 제동을 건다. 己土와 戊土는 차이가 있다. 己土는 응축 하강 운동을 확산 상승 운동으로 바꾸고, 戊土는 확산 상승 운동을 응축 하강 운동으로 바꾼다.

_己戊 기무

己土는 더 응축 더 하강 운동을 하는 丁火를 억제하고 확산 상승하는 辛金을 돕는다. 겁재 戊土는 더 확산 더 상승 운동을 하는 丙火를 억제하고 응축 하강하는 속성을 가진 庚金을 돕는다. 己土와 戊土는 속성이 정반대이다. 巳午未에서는 戊土가 록왕쇠이고, 己土는 절태양이다. 亥子丑에서는 己土가 록왕쇠이고, 戊土는 절태양이다. 土라고 다 같이 취급하면 안 된다. 오행이 아닌 천간과 지지 중심으로 공부해야 한다.

_己己 기기

己土는 더 응축 더 하강하는 丁火를 억제하고 확산 상승하는 辛金을 돕는다. 두 개의 己土가 경쟁한다. 비견끼리 모이면 시너지 효과가 일어난다. 비견은 같은 교실에 있는 친구처럼 같은 목표를 가지고 같은 방향으로 경쟁한다. 비견은 타인과의 경쟁이 아닌 자기와의 경쟁이다. 내 기록, 내 성적만 높이면 된다. 승패를 결정지어야 하는 겁재와는 다르다.

_己庚 기경

己土는 더 응축 더 하강하는 丁火를 억제하고 확산 상승하는 辛金을 돕는다. 상관 庚金은 안에서 밖으로 나가며 응축 하강 운동을 한다. 己土가 상관 庚金을 쓰려면 庚金의 속성을 지켜야 한다. 상관이라도 천간에 따라 모두 다른 모습으로 사용해야 한다. 성패는 천간 속성을 얼마나 잘 지키느냐에 달려 있다. 팔자 자체에 있는 것이 아니다. 상관생재(傷官生財)나 관인상생(官印相生)이 된다고 무조건 좋은 것이 아니다.

_己辛 기신

己土는 더 응축 더 하강하는 丁火를 억제하고 확산 상승하는 辛金을 돕는다. 식신 辛金은 밖에서 안으로 들어가며 확산 상승 운동을 한다. 辛金은 己土 편인의 도움을 받는다. 글자의 속성을 지키고 운의 흐름을 지키면 문제가 생기지 않는다. 辛金은 寅卯辰에서 록왕쇠이다. 록왕쇠에서는 힘들더라도 바쁘게 살아야 한다. 기회는 자주 오는 것이 아니다.

_己壬 기임

己土는 더 응축 더 하강하는 丁火를 억제하고 확산 상승하는 辛金을 돕는다. 정재 壬水는 더 응축 더 하강하는 속성을 가지고 있다. 己土가 정재 壬水를 사용하려면 壬水의 속성을 지켜야 한다. 己土와 壬水는 亥子丑에서 록왕쇠이고, 巳午未에서 절태양이다. 록왕쇠에서 바쁘고, 절태양에서는 한가하다. 출근해서 일하고 퇴근해서 잠자는 자연의 법을 지켜야 한다. 록왕쇠가 좋고 절태양이 나쁜 것은 아니다.

_己癸기계

己土는 더 응축 더 하강하는 丁火를 억제하고 확산 상승하는 辛金을 돕는다. 편재 癸水는 밖에서 안으로 들어가며 더 확산 더 상승하는 속성을 가지고 있다. 己土와 癸水는 운동 방향이 다르다. 巳午未에서는 癸水가 록왕쇠이고, 己土는 절태양이다. 亥子丑에서는 己土가 록왕쇠이고, 癸水는 절태양이다. 팔자 자체로는 그릇의 종류와 크기를 알 수 있다. 변화는 운의 글자에 달려 있다. 팔자 상담은 변하지 않는 원국을 쳐다보는 것이 아니라 운의 흐름을 보는 것이다.

庚金 일간

안에서 밖으로 나가며 응축 하강하는 속성을 가진 庚金은 寅卯辰에서 절태양, 巳午未에서 생욕대가 되고, 申酉戌에서 록왕쇠, 亥子丑에서 병사묘가 된다.

_庚甲경갑

庚金은 안에서 밖으로 나가며 응축 하강 운동을 하고, 편재 甲木은 안에서 밖으로 나가며 확산 상승 운동을 한다. 庚金과 甲木의 운동은 정반대이다. 庚金과 甲木만 있으면 좋다는 책들은 말이 안 된다. 글자 자체가 좋고 나쁠 리가 없다. 어떻게 사용하느냐가 중요하다. 申酉戌에서는 庚金이 록왕쇠이고, 甲木은 절태양이다. 寅卯辰에서는 甲木이 록왕쇠이고, 庚金은 절태양이다. 록왕쇠에서는 정신없이 바쁘게 살고, 절태양에서는 여유를 즐기면서 살면 좋다.

_庚乙경을

庚金은 안에서 밖으로 나가며 응축 하강 운동을 하고, 정재 乙木은 밖에서 안으로 들어가며 응축 하강 운동을 한다. 庚金과 乙木은 손바닥과 손등처럼 음양 관계를 이루는 하나의 쌍이다. 庚乙합은 의미가 없다. 庚金 운에는 乙木이 약해지고, 乙木 운에는 庚金이 약해지니 어느 글자를 사용할지는 운의 흐름을 따르면 된다. 둘 다 동시에 쓸 수는 없다. 庚金과 乙木은 申酉戌에서 록왕쇠이고, 寅卯辰에서 절태양이다.

_庚丙경병

庚金은 안에서 밖으로 나가며 응축 하강 운동을 하고, 편관 丙火는 안에서 밖으로 나가며 더 확산 더 상승하는 속성을 가지고 있다. 庚金과 丙火는 운동 방향이 서로 다르다. 운동 방향이 다를 때는 운을 보면서 취하고자 하는 천간의 속성을 따르면 된다. 팔자 자체에 좋고 나쁨이 결정되는 것은 아니다. 어떻게 활용할 것인지가 중요하다. 팔자를 어떻게 활용할지는 팔자 주인공의 자유의지에 달려 있다. 丙火는 巳午未에서 록왕쇠이고, 亥子丑에서 절태양이다.

_庚丁경정

庚金은 안에서 밖으로 나가며 응축 하강 운동을 하고, 정관 丁火는 밖에서 안으로 들어가며 더 응축 더 하강하는 속성을 가지고 있다. 일간 庚金이 丁火 정관을 사용하려면 丁火의 속성을 지켜야 한다. 丁火는 亥子丑에서 록왕쇠이고, 巳午未에서 절태양이다. 록왕쇠일 때 가장 바쁘고 절태양에서는 가장 한가하다. 일할 때가 있으면 잠잘 때도 있어야 한다.

_庚戌경무

庚金은 안에서 밖으로 나가며 응축 하강 운동을 하고, 편인 戊土는 더 확산 더 상승하는 丙火에 제동을 걸고 응축 하강하는 속성을 가진 庚金을 돕는다. 팔자는 태어날 때 각자에게 주어지는 색안경과 같다. 각자의 색안경으로 세상을 본다. 사람마다 팔자가 다르니 생각이 다르다. 나만 옳은 것은 아니다. 일간의 강약은 의미가 없다. 일간이 강하든 약하든 사용하고자 하는 글자의 속성을 지키며 운의 흐름을 따르면 된다.

_庚己경기

庚金은 안에서 밖으로 나가며 응축 하강 운동을 하고, 정인 己土는 더 응축 더 하강하는 丁火를 억제하고 확산 상승하는 辛金을 돕는다. 일간 庚金이 정인 己土를 쓰려면 己土의 속성을 지켜야 한다. 글자의 속성을 지키지 않았을 때 문제가 생긴다. 팔자 자체에 문제가 있을 리가 없다. 팔자 자체에는 그릇의 종류와 크기만 나타난다.

_庚庚경경

庚金은 밖으로 나가면서 응축 하강하는 성질이 있다. 두 개의 庚金이 응축 하강하는 경쟁을 한다. 경쟁하면 시너지 효과가 일어난다. 그래서 공부나 훈련 등은 비견들과 같이 하면 좋다. 비견은 육상 선수나 같은 교실에 있는 친구처럼 같은 목표를 가지고 경쟁한다. 비견의 경쟁은 타인과의 경쟁이 아닌 자기와의 경쟁이다. 비견은 내 기록, 내 성적만 높이면 된다. 반면 겁재는 마주 보고 싸우니 승패가 결정된다.

_庚辛경신

庚金은 안에서 밖으로 나가며 응축 하강 운동을 하고, 겁재 辛金은 밖에서 안으로 들어가며 확산 상승 운동을 한다. 겁재는 마주 보고 싸우는 상대와 같다. 음양이 다른 겁재와의 싸움은 힘들고 어려우니 온갖 방법이 동원된다. 일간과 겁재의 운을 보면서 적절한 글자를 사용하면 좋다. 申酉戌 운에는 辛金이 절태양이고, 寅卯辰 운에는 庚金이 절태양이다.

_庚壬경임

庚金은 안에서 밖으로 나가며 응축 하강 운동을 하고, 식신 壬水는 안에서 밖으로 나가며 더 응축 더 하강하는 속성을 가지고 있다. 庚金이 壬水 식신을 취하려면 壬水의 속성을 지켜야 한다. 취하려는 천간의 속성을 지켜야 실패가 없다. 壬水는 亥子丑에서 록왕쇠이다. 록왕쇠에서는 바쁘게 일해야 한다. 壬水는 巳午未에서 절태양이다. 절태양은 한가하고 여유 있는 시기이다. 여유가 있을 때는 여행, 학문, 기도 등으로 충전하면 좋다.

_庚癸경계

庚金은 안에서 밖으로 나가며 응축 하강 운동을 하고, 상관 癸水는 밖에서 안으로 들어가며 더 확산 더 상승하는 속성을 가지고 있다. 상관 癸水는 巳午未에서 록왕쇠이고, 亥子丑에서 절태양이다. 록왕쇠에서 가장 바쁘고, 절태양에서 가장 한가하다. 절태양은 보이지 않는다는 의미가 있으니 사람이 적고 경쟁이 적은 변두리나 시골, 해외 등으로 간다는 의미도 있지만, 고위직으로 승진도 의미한다.

辛金 일간

밖에서 안으로 들어가며 확산 상승하는 辛金은 寅卯辰에서 록왕쇠, 巳午未에서 병사묘가 되고, 申酉戌에서 절태양, 亥子丑에서 생욕대가 된다.

_辛甲 신갑

辛金은 밖에서 안으로 들어가며 확산 상승 운동을 하고, 정재 甲木은 안에서 밖으로 나가며 확산 상승 운동을 한다. 辛金과 甲木은 손바닥과 손등처럼 하나의 쌍이다. 항상 같이 일하고 같이 휴식한다. 辛金과 甲木은 寅卯辰에서 록왕쇠이고, 申酉戌에서 절태양이다. 오른팔과 왼팔의 관계도 음양이고 손바닥과 손등의 관계도 음양이다. 음양을 말할 때는 어떤 음양인지 기준을 분명히 정하고 말해야 한다. 서로 다른 기준을 가지고 싸우는 경우가 많다.

_辛乙 신을

辛金은 밖에서 안으로 들어가며 확산 상승 운동을 하고, 편재 乙木은 밖에서 안으로 들어가며 응축 하강 운동을 한다. 辛金과 乙木은 반대로 운동한다. 辛金과 乙木 중에 누가 강한지는 지지가 결정한다. 寅卯辰에서는 辛金이 록왕쇠이고, 乙木은 절태양이다. 申酉戌에서는 乙木이 록왕쇠이고, 辛金은 절태양이다. 辛金이 편재 乙木을 취하려면 실내로 들어오며 응축 하강하는 모습을 취해야 한다.

_辛丙 신병

辛金은 밖에서 안으로 들어가며 확산 상승 운동을 하고, 정관 丙火는 안에서 밖으로 나가며 더 확산 더 상승하는 속성을 가지고 있다. 辛金 운에는 丙火가 약해지고, 丙火 운에는 辛金이 약해지니 어느 글자를 사용할지는 운의 글자로 결정한다. 운의 흐름을 보면서 어느 글자를 사용할 것인지 정해야 한다.

_辛丁 신정

辛金은 밖에서 안으로 들어가며 확산 상승 운동을 하고, 편관 丁火는 밖에서 안으로 들어가며 더 응축 더 하강하는 속성을 가지고 있다. 일간 辛金과 편관 丁火의 운동 방향이 다르다. 편관 丁火를 취하려면 丁火의 속성을 잘 지켜야 한다. 丁火는 亥子丑에서 록왕쇠이고,

巳午未에서 절태양이다. 록왕쇠에서는 바쁘게 일하고, 절태양에서는 한가하게 일하면 된다. 일할 때가 있으면 잠잘 때도 있어야 한다.

_辛戊 신무

辛金은 밖에서 안으로 들어가며 확산 상승 운동을 하고, 정인 戊土 는 더 확산 더 상승하는 丙火에 제동을 걸고 응축 하강하는 속성을 가진 庚金을 돕는다. 일간은 십신을 정하는 기준에 불과하다. 일간의 강약과 식재관의 강약은 아무 상관이 없다. 팔자는 태어날 때 주어지 는 그릇의 종류와 크기 차이만 있을 뿐 팔자 자체에 문제가 있는 것 은 아니다. 타고난 글자의 속성을 지키지 않았을 때 문제가 생기는 것이다.

_辛己 신기

辛金은 밖에서 안으로 들어가며 확산 상승 운동을 하고, 편인 己土 는 더 응축 더 하강하는 丁火를 억제하고 확산 상승하는 辛金을 돕는 다. 편인 己土를 취하려면 己土의 속성을 지켜야 한다. 己土는 亥子 丑에서 록왕쇠이고, 巳午未에서 절태양이다. 생욕대는 출근과 같고, 병사묘는 퇴근과 같다.

_辛庚 신경

辛金은 밖에서 안으로 들어가며 확산 상승 운동을 하고, 겁재 庚金 은 안에서 밖으로 나가며 응축 하강 운동을 한다. 겁재는 마주 보고 싸우는 상대와 같다. 둘 중 하나는 패배이다. 寅卯辰에서는 辛金이 록왕쇠이고, 庚金은 절태양이다. 申酉戌에서는 庚金이 록왕쇠이고, 辛金은 절태양이다. 겁재라고 무조건 나쁜 것은 아니다. 글자의 속성을 지키면서 운의 흐름을 따르면 탈이 없다.

_辛辛신신

辛金은 밖에서 안으로 들어가며 확산 상승 운동을 한다. 두 개의 辛金이 밖에서 안으로 들어가며 확산 상승하는 경쟁을 한다. 비견이 있으면 경쟁심이 생겨서 시너지 효과가 일어난다. 그래서 모든 교육, 훈련 등은 비견 동료들과 함께 받는다. 비견은 타인과의 경쟁이 아닌 자기와의 경쟁이니 내 기록, 내 성적만 높이면 된다. 辛金은 寅卯辰에서 록왕쇠이고, 申酉戌에서 절태양이다.

_辛壬신임

辛金은 밖에서 안으로 들어가며 확산 상승 운동을 하고, 상관 壬水는 안에서 밖으로 나가며 더 응축 더 하강하는 속성을 가지고 있다. 천간의 글자가 다르니 대부분 인간관계가 원만하지 못하다. 서로 생각의 차이를 인정하고 참고 배려하면서 살아갈 수밖에 없다. 辛金이 壬水 상관을 쓰려면 더 응축 더 하강하는 모습을 취해야 한다. 팔자의 성패는 글자 자체에 있는 것이 아니라 글자의 속성을 얼마나 잘 지키느냐에 달려 있다.

_辛癸 신계

辛金은 밖에서 안으로 들어가며 확산 상승 운동을 하고, 식신 癸水
는 밖에서 안으로 들어가며 더 확산 더 상승하는 속성을 가지고 있
다. 辛金이 癸水 식신을 취하려면 안으로 들어가며 더 확산 더 상승
하는 모습을 취해야 한다. 취하려는 천간의 속성을 지켜야 실패가 없
다. 식신 癸水는 巳午未에서 록왕쇠이고, 亥子丑에서 절태양이다.

壬水 일간

안에서 밖으로 나가며 더 응축 더 하강 운동을 하는 壬水는 寅卯辰에서 병사묘, 巳午未에서 절태양이 되고, 申酉戌에서 생욕대, 亥子丑에서 록왕쇠가 된다.

_壬甲임갑

壬水는 안에서 밖으로 나가며 더 응축 더 하강하는 속성을 가지고 있다. 식신 甲木은 안에서 밖으로 나가며 확산 상승 운동을 한다. 일간은 십신을 정하는 기준에 불과하다. 일간의 신강 신약을 따지는 것은 무의미하다. 일간이 강하든 약하든 나머지 글자의 속성과 운의 흐름을 따르면 된다. 개인의 생각이나 경험으로 상상이나 추측하지 말고 자연의 법을 따라야 한다. 甲木은 寅卯辰에서 록왕쇠이고, 申酉戌

에서 절태양이다.

_壬乙임을

壬水는 안에서 밖으로 나가며 더 응축 더 하강 운동을 하고, 상관 乙木은 밖에서 안으로 들어가며 응축 하강 운동을 한다. 壬水가 상관 乙木을 취하려면 乙木의 속성을 지켜야 한다. 팔자 자체에 성패가 있는 것이 아니고, 팔자에는 그릇의 종류와 크기만 나와 있을 뿐이다. 乙木은 申酉戌에서 록왕쇠이고, 寅卯辰에서 절태양이다. 록왕쇠에서 바쁘고, 절태양에서는 한가하다.

_壬丙임병

壬水는 안에서 밖으로 나가며 더 응축 더 하강 운동을 하고, 편재 丙火는 안에서 밖으로 나가며 더 확산 더 상승하는 속성을 가지고 있다. 巳午未에서는 丙火가 록왕쇠이고, 壬水는 절태양이다. 亥子丑에서는 壬水가 록왕쇠이고, 丙火는 절태양이다. 壬水와 癸水, 庚金과 辛金, 戊土와 己土, 丙火와 丁火, 甲木과 乙木은 정반대의 속성을 지니고 있다. 오행으로 공부하면 자연의 50%를 차지하는 음을 놓치는 절름발이가 된다.

_壬丁임정

壬水는 안에서 밖으로 나가며 더 응축 더 하강 운동을 하고, 정재 丁火는 밖에서 안으로 들어가며 더 응축 더 하강하는 속성을 가지고 있다. 응축 하강하는 운동은 외형보다 실속을 추구한다. 壬水와 丁火는 손바닥과 손등처럼 하나의 쌍이다. 항상 같이 일하고 같이 휴식한다. 壬丁합은 의미가 없다. 운을 보며 壬水와 丁火를 선택해서 사용하면 된다. 壬水가 강해지는 운에는 壬水를 쓰고, 丁火가 강해지는 운에는 丁火를 사용하면 된다.

_壬戊임무

壬水는 안에서 밖으로 나가며 더 응축 더 하강 운동을 하고, 편관 戊土는 더 확산 더 상승하는 丙火에 제동을 걸고 응축 하강하는 속성을 가진 庚金을 돕는다. 壬水와 戊土는 속성이 다르다. 壬水가 戊土 편관을 쓰려면 戊土의 속성을 지켜야 한다. 巳午未에서는 戊土가 록왕쇠이고, 壬水는 절태양이다. 亥子丑에서는 壬水가 록왕쇠이고, 戊土는 절태양이다.

_壬己임기

壬水는 안에서 밖으로 나가며 더 응축 더 하강하는 속성을 가지고 있다. 정관 己土는 더 응축 더 하강하는 丁火를 억제하고 확산 상승하는 辛金을 돕는다. 팔자는 태어날 때 주어지는 그릇의 종류와 크기 차이만 있을 뿐 팔자 자체에 문제가 있을 수는 없다. 크고 높으면 좋고, 작고 낮으면 나쁘다는 생각을 버려야 한다. 행복의 관점에서 사람이나 팔자를 보아야 한다. 壬水와 己土는 亥子丑에서 록왕쇠이고, 巳午未에서 절태양이다.

_壬庚임경

壬水는 안에서 밖으로 나가며 더 응축 더 하강 운동을 하고, 편인 庚金은 안에서 밖으로 나가며 응축 하강 운동을 한다. 편인 庚金보다 壬水가 응축 하강하는 속성이 더 강하다. 庚金이 동생이라면 壬水는 형이다. 庚金은 申酉戌에서 록왕쇠이고, 寅卯辰에서 절태양이다. 壬水는 亥子丑에서 록왕쇠이고, 巳午未에서 절태양이다.

_壬辛임신

壬水는 안에서 밖으로 나가며 더 응축 더 하강 운동을 하고, 정인 辛金은 밖에서 안으로 들어가며 확산 상승 운동을 한다. 壬水가 辛金 정인을 취하려면 辛金의 속성을 지켜야 한다. 음간은 강해질수록 안으로 깊이 들어가니 보이지 않게 된다. 보이지 않는 음간을 잘 알아야 한다. 눈에 보이는 양간만 말하는 경우가 많다. 음이 양을 움직인다.

_壬壬임임

壬水는 안에서 밖으로 나가며 더 응축 더 하강하는 속성을 가지고 있다. 두 개의 壬水가 더 응축 더 하강하는 경쟁을 한다. 비견끼리 모이면 시너지 효과가 일어난다. 비견은 같은 교실에 있는 친구처럼 같은 목표를 가지고 같은 방향으로 경쟁한다. 타인과의 경쟁이 아닌 자신과의 경쟁이니 내 기록, 내 성적만 높이면 된다. 승패가 결정되는 겁재와는 다르다.

_壬癸임계

壬水는 안에서 밖으로 나가며 더 응축 더 하강하는 속성을 가지고 있다. 겁재 癸水는 밖에서 안으로 들어가며 더 확산 더 상승하는 속성을 가지고 있다. 壬水와 癸水는 정반대로 운동한다. 겁재는 마주 보고 싸우는 권투선수와 같다. 승패를 결정해야 하므로 치열한 경쟁이 된다. 겁재와 싸울 때는 홈그라운드의 이점을 살려야 한다. 선생님이 학생을 지도할 때는 교실보다 교무실이 좋다. 운의 흐름도 잘 살펴야 한다.

癸水 일간

밖에서 안으로 들어가며 더 확산 더 상승 운동을 하는 癸水는 寅卯辰에서 생욕대, 巳午未에서 록왕쇠가 되고, 申酉戌에서 병사묘, 亥子丑에서 절태양이 된다.

_癸甲계갑

癸水는 밖에서 안으로 들어가며 더 확산 더 상승 운동을 하고, 상관 甲木은 안에서 밖으로 나가며 확산 상승 운동을 한다. 癸水가 상관 甲木을 쓰려면 확산 상승하는 모습을 취해야 한다. 팔자 자체에 문제가 있는 것이 아니라 글자의 속성을 지키지 않았을 때 문제가 생긴다. 태어날 때 주어진 그릇의 종류와 크기는 죽을 때까지 변하지 않는다. 채송화로 태어나면 죽을 때까지 채송화이다. 甲木은 寅卯辰

에서 록왕쇠이고, 申酉戌에서 절태양이다.

_癸乙계을

癸水는 밖에서 안으로 들어가며 더 확산 더 상승 운동을 하고, 식신 乙木은 밖에서 안으로 들어가며 응축 하강 운동을 한다. 癸水가 식신 乙木을 취하려면 乙木의 속성을 따르면 된다. 일간의 강약은 따질 필요가 없다. 일간은 십신을 정하는 기준에 불과하다. 乙木은 申酉戌에서 록왕쇠이고, 寅卯辰에서 절태양이다.

_癸丙계병

癸水는 밖에서 안으로 들어가며 더 확산 더 상승 운동을 하고, 정재 丙火는 안에서 밖으로 나가며 더 확산 더 상승하는 속성을 가지고 있다. 癸水와 丙火는 손바닥과 손등처럼 하나의 쌍이다. 항상 같이 다니며 일하고 휴식한다. 癸水와 丙火는 巳午未에서 록왕쇠이고, 亥子丑에서 절태양이다. 록왕쇠에서 바쁘고, 절태양에서는 한가하다.

_癸丁계정

癸水는 밖에서 안으로 들어가며 더 확산 더 상승 운동을 하고, 편재 丁火는 밖에서 안으로 들어가며 더 응축 더 하강하는 속성을 가지고 있다. 음간은 힘이 강해지면 안으로 깊이 들어가니 보이지 않게 된다. 보이지 않는 음간을 잘 알아야 음양을 이해했다고 할 수 있다. 눈에 보이는 양간은 누구나 다 안다. 丁火는 亥子丑에서 록왕쇠이고,

巳午未에서 절태양이다.

_癸戊계무

癸水는 밖에서 안으로 들어가며 더 확산 더 상승 운동을 하고, 정관 戊土는 더 확산 더 상승하는 丙火에 제동을 걸고 응축 하강하는 속성을 가진 庚金을 돕는다. 癸戊합은 의미가 없다. 癸水와 戊土는 천간에서 반대편에 위치하므로 癸水 운에는 戊土가 약해지고, 戊土 운에는 癸水가 약해진다. 癸水가 정관 戊土를 사용하려면 戊土의 속성을 지켜야 한다. 성패는 글자의 속성을 어떻게 지키느냐에 있는 것이지 글자 자체에 있는 것이 아니다.

_癸己계기

癸水는 밖에서 안으로 들어가며 더 확산 더 상승 운동을 하고, 편관 己土는 더 응축 더 하강하는 丁火를 억제하고 확산 상승하는 辛金을 돕는다. 편관 己土를 취하려면 일간의 강약과 관계없이 己土의 속성을 따르면 된다. 己土는 亥子丑에서 록왕쇠이고, 巳午未에서 절태양이다. 己土나 丁火는 더 응축 더 하강하므로 외형은 볼품없으나 실속이 있다.

_癸庚계경

癸水는 밖에서 안으로 들어가며 더 확산 더 상승 운동을 하고, 정인 庚金은 안에서 밖으로 나가며 응축 하강 운동을 한다. 정인 庚金을 취하려면 庚金의 속성을 따라야 한다. 일간은 십신을 정하는 기준에 불과하니 일간의 강약에 신경을 쓸 필요가 없다. 庚金은 申酉戌에서 록왕쇠이고, 寅卯辰에서 절태양이다.

_癸辛계신

癸水는 밖에서 안으로 들어가며 더 확산 더 상승 운동을 하고, 편인 辛金은 밖에서 안으로 들어가며 확산 상승 운동을 한다. 癸水의 확산 상승 운동이 辛金보다 더 크다. 양간은 밖으로 나가며 활동하고 음간은 안으로 들어가며 활동한다. 누구나 알 수 있는 양간만 가지고 명리학을 공부했다고 할 수 없다. 보이지 않는 음간의 활동을 잘 알아야 한다. 음과 양은 대등하다.

_癸壬계임

癸水는 밖에서 안으로 들어가며 더 확산 더 상승 운동을 하고, 겁재 壬水는 안에서 밖으로 나가며 더 응축 더 하강하는 속성을 가지고 있다. 겁재는 마주 보고 싸우는 권투선수와 같아서 싸움이 치열하다. 癸水는 巳午未에서 록왕쇠이고, 壬水는 亥子丑에서 록왕쇠이다. 癸水는 亥子丑에서 절태양이고, 壬水는 巳午未에서 절태양이다. 글자의 속성을 지키면서 운의 흐름을 따르면 탈이 없다.

_癸癸계계

癸水는 밖에서 안으로 들어가며 더 확산 더 상승하는 속성을 가지고 있다. 두 개의 癸水가 더 확산 더 상승 운동을 하는 경쟁을 한다. 비견끼리 모이면 시너지 효과가 일어난다. 비견은 육상 선수나 교실 친구처럼 같은 목표를 가지고 같은 방향으로 경쟁한다. 내 기록, 내 성적만 높이면 된다. 癸水는 巳午未에서 록왕쇠이고, 亥子丑에서 절태양이다. 생욕대는 출근과 같고, 병사묘는 퇴근과 같다. 출근할 때는 일이 점차 많아지고, 퇴근할 때는 일이 점차 줄어든다.

멀리 떨어져서 보면 걱정 없이 보이는 사람도 가까이 가면 봄·여름·가을·겨울의 굴곡을 겪으며 살아간다. 멀리서 보면 평탄하게 보이는 산들도 가까이 다가가면 험한 실체를 드러낸다.

오르막에도 봄·여름·가을·겨울은 있고, 내리막에도 봄·여름·가을·겨울이 있다. 내가 가고 있는 이 길이 오르막 중 내리막인지 내리막 중 오르막인지 파악하고 나아가야 한다. 숲을 먼저 보고 숲속의 나무를 봐야 한다. 대운을 먼저 보고 세운이나 월운을 봐야 한다.

한 우물을 파라는 말이 있다. 틀린 말은 아니지만 누구에게나 해당하는 말은 아니다. 식신은 한 가지에 전념하는 전문가적인 기질이라면, 상관은 다방면에 관심을 보이는 백화점식 기질이다. 각자의 생각과 환경이 다르니 내 생각이나 의견을 강요하면 안 된다. 세상은 다양하다.

팔자 상담할 때 이미 아는 결과에 어떻게든 사주를 끼워 맞추려는 사람들이 있다. 사고나 사건 등 무슨 일이 벌어지면 왜 그런 일이 있었을까 팔자로 알아보려는 것이다. 결론부터 말하면 사건, 사고 등은 팔자와 아무 관계가 없다. 주의하고 조심한다면 탈이 생기지 않는다. 정신을 놓고 부주의하면 사고가 일어난다. 팔자로 합격, 불합격을 알 수 없다. 학생의 실력과 어느 대학의 무슨 학과를 지원했는지를 알아야 한다. 합격 커트라인보다 실력이 더 좋으면 합격하고, 커트라인보다 실력이 낮으면 떨어진다. 선거에서 당선, 낙선도 마찬가지이다. 사주팔자보다는 출마 지역이나 정당 등이 큰 영향을 미친다. 여론조사를 보면 대충 윤곽은 나온다. 팔자보다 여론조사 결과를 보는 것이 낫다.

우리가 가지고 있는 신발은 등산화, 운동화, 구두, 슬리퍼 등 다양하다. 용도가 다르기 때문이다. 우리가 가지고 있는 옷의 종류도 다양하다. 철마다 옷이 다르고 또 장소에 따라 입는 옷이 다르다. 운동할 때, 등산할 때, 출근할 때, 모두 적합한 옷이 있다. 필요할 때 필요한 옷이나 신발을 신으면 된다. 적재적소(適材適所) 필요한 곳에 있는 필요한 물건이 최고이다. 팔자도 그렇다. 모두 타고난 제자리에 있어야 한다.

일체유심조(一切唯心造)는 마음먹은 대로 세상을 바꿀 수 있다는 뜻이 아니다. 마음은 바꾸기 쉽고 현실은 바꾸기 어려우니 바꾸기 쉬운 마음을 현실에 맞춰 바꾸라는 뜻이다. 세상은 한 개인이 바꿀 수 있는 만만한 것이 아니다.

인생은 과정이다. 목표를 정하고 그것을 성취해 가는 과정이 인생이
다. 대학입학이라는 목표가 세워지면 그 목표를 향해 도전해 가는 과정을
중시해야 한다. 막상 대학에 들어가면 별 것 없다. 그래서 목표를 향해 나
아가는 매순간 그 과정에서 삶의 의미를 찾아야 한다. 목표를 정할 때 어
렴풋이라도 방향을 알려주는 나침반이 있으면 좋을 것이다. 명리학은 수
천 년 동안 동양의 선조들이 쌓아놓은 축적된 지식을 통해 나아갈 방향을
대충이라도 알 수 있다.

미래를 위해 현재를 포기해서는 안 된다. 하고 싶은 일은 지금 해야
하고, 먹고 싶은 것은 지금 먹어야 한다. 보고 싶은 사람은 지금 만나야
한다. 내일은 또 생각이 어떻게 바뀔지도 모른다. 지금 당장 하지 않으면
앞으로는 기회가 없을 수도 있다. 현재를 열심히 살지 않는 사람이 과거
에 집착하거나 뜬구름 같은 미래를 이야기한다. 항상 현재에 초점을 맞춰
야 한다. 현재가 선물이다. 명리학은 철저히 현재에 초점을 맞추는 학문
이다.

지지(地支)끼리 관계
(12신살)

나이스사주명리 다시 쓰는 명리학

...이론편...

새로운 12신살 표

	子	丑	寅	卯	辰	巳	午	未	申	酉	戌	亥
子	장성	망신	월살	연살	지살	천살	재살	겁살	화개	육해	역마	반안
丑	반안	장성	망신	월살	연살	지살	천살	재살	겁살	화개	육해	역마
寅	역마	반안	장성	망신	월살	연살	지살	천살	재살	겁살	화개	육해
卯	육해	역마	반안	장성	망신	월살	연살	지살	천살	재살	겁살	화개
辰	화개	육해	역마	반안	장성	망신	월살	연살	지살	천살	재살	겁살
巳	겁살	화개	육해	역마	반안	장성	망신	월살	연살	지살	천살	재살
午	재살	겁살	화개	육해	역마	반안	장성	망신	월살	연살	지살	천살
未	천살	재살	겁살	화개	육해	역마	반안	장성	망신	월살	연살	지살
申	지살	천살	재살	겁살	화개	육해	역마	반안	장성	망신	월살	연살
酉	연살	지살	천살	재살	겁살	화개	육해	역마	반안	장성	망신	월살
戌	월살	연살	지살	천살	재살	겁살	화개	육해	역마	반안	장성	망신
亥	망신	월살	연살	지살	천살	재살	겁살	화개	육해	역마	반안	장성

12신살의 새로운 해석

    팔자는 천간과 지지로 되어 있다. 천간과 지지 관계를 다룬 12운성이나 지지끼리의 관계를 다룬 12신살의 중요성은 말할 필요도 없다. 그러나 현실은 그렇지 않다. 음간을 무시한 기존의 12운성이나 띠 삼합을 중심으로 대충 설명하는 기존의 12신살이 자리 잡지 못하고 있다.

    12신살은 지지끼리의 관계이다. 천간이 관여하지 않으니 생각지도 않은 뜻밖의 일들을 미리 알아보고자 할 때 사용한다. 생각지도 않은 뜻밖의 일에는 나쁜 일도 있지만 좋은 일도 있을 수 있다. 보통 12신살의 설명을 보면 글자에 집착하여 부정적인 설명이 많은데 그렇지 않다.

12신살 역시 12운성처럼 봄·여름·가을·겨울, 즉 자연의 변화를 설명하고 있을 뿐이다. 글자에 집착하지 말고 출근해서 일하고 퇴근해서 잠을 자는 자연의 변화를 읽도록 해야 한다. 출근할 때 퇴근하고, 일해야 할 때 잠을 자고, 퇴근해야 할 때 출근하고, 잠을 자야 할 때 일하면 자연의 법을 어기는 것이다. 자연의 법을 어기면 벌을 받는다.

계절	봄	여름	가을	겨울
하루	아침	낮	저녁	밤
일상	출근	일	퇴근	잠
왕상휴수	상(相)	왕(旺)	휴(休)	수(囚)
12운성	생욕대	록왕쇠	병사묘	절태양
12신살	지년월	망장반	역육화	겁재천
지지	寅卯辰	巳午未	申酉戌	亥子丑

천간에 영향을 미치는 것은 지지이다. 같은 丙火라도 지지에 따라 모습이 달라진다. 천간을 통제하는 것은 지지이다. 그래서 지지가 중요하다. 지지 현실을 보며 천간의 뜻을 펼쳐야 한다. 그러나 반대로 생각하는 경우가 많다. 지지 현실을 고려하지 않은 꿈, 뜻, 계획, 야망, 생각, 소망, 욕심 등은 실패하기 쉽다. 그래서 지지의 상황을 살피는 12신살은 중요하다.

12신살은 12운성처럼 12개의 용어로 되어 있다. 겁살·재살·천살, 지살·연살·월살, 망신살·장성살·반안살, 역마살·육해살·화개살이다.

기존의 12신살은 연지, 즉 띠의 삼합을 가지고 12신살을 정한다. 전혀 다른 삼합의 세 글자에 똑같은 12신살을 붙였다.

삼합은 亥卯未, 寅午戌, 巳酉丑, 申子辰이다. 팔자의 중심은 월지인데 띠(연지)를 기준으로 한다는 것은 논리적 근거도 없는 주먹구구식이다. 과거 띠만 알던 시절 심심풀이로 해 왔던 이야기들이 명리학에 버젓이 들어와 자리를 차지하고 있다.

연지(띠)를 기준으로 하는 것은 명리학이 학문으로 정착되기 이전 띠(연지)만 알던 시절에 행해지던 방식이다. 삼재 등 연지(띠)를 기준으로 하는 신살들이 그렇다. 최근에는 연지를 기준으로 하는 것이 논리적 모순에 빠지니 일지 기준으로 바꾸기도 한다.

운(運)이 가세하면 상황은 더욱 복잡해진다. 팔자 원국과 운의 관계는 신하와 왕의 관계이다. 운이 왕이고, 팔자 원국은 신하이다. 기존 12신살 방식은 연지(띠)를 가지고 12신살을 정한 후 운의 글자에 대입하였다. 운에 따라 내 모습이 변하는 것인데, 내가 운을 바꿀 수 있다고 생각하는 것이다. 당연히 논리적이지 못하니 12신살이 명리학에서 제대로 자리 잡지 못하는 원인이 되고 있다.

기존 12운성과 12신살의 이러한 이론적·논리적 모순 때문에 형·충·파·해를 비롯한 수백 개의 각종 신살들이 판을 친다. 팔자의 근본인 천간과 지지 중심이 아닌 지엽적인 형·충·파·해나 신살 등은 명리학을 공부하면 할수록 헷갈리도록 만들어 버렸다. 천간과 지지 관계인 12운성과 지지끼리의 관계인 12신살이 올바로 정립되었더라면 명리학은 진즉 인문학 중 인문학으로 우뚝 자리매김할 수 있었을지도 모른다.

명리학이 정식 학문으로 인정받지 못하는 이유는 학문도 아니고 점술도 아닌 어정쩡한 상태로 존재하기 때문이다. 학문은 누구나 공감하고 인정하는 과학이어야 한다. 명리학은 우주와 지구의 운동에 근거를 둔 자연과학이면서 인간에게 적용하는 인문과학이다. 21세기 한국에서만 수십만 명이 공부하고 정식 대학학과로 자리매김하고 있는 이때, 이유도 모르고 주먹구구식으로 전해오던 방식은 이제 버릴 때이다.

12신살도 십신이나 12운성처럼 한자(漢字) 자체에 집착하면 안 된다. 그래서 12신살 겁·재·천은 12운성 절·태·양과 비슷하게 설명하면 되고, 12신살 지·년·월은 12운성 생·욕·대와 비슷하게 설명하면 된다. 또 12신살 망·장·반은 12운성 록·왕·쇠와 비슷하게 설명하면 되고, 12신살 역·육·화는 12운성 병·사·묘와 비슷하게 설명하면 된다.

12 지지	亥	子	丑	寅	卯	辰	巳	午	未	申	酉	戌
12 운성	절	태	양	장생	목욕	관대	건록	제왕	쇠	병	사	묘
12 신살	겁살	재살	천살	지살	연살	월살	망신살	장성살	반안살	역마살	육해살	화개살

장성살 옆에는 망신살과 반안살이 있다. 지나간 지지는 반안살이고 다가올 지지는 망신살이다. 寅이 장성살이라면 지나간 丑土는 반안 살이다. 丑土는 장성살의 시기를 보내고 막 물러난 시기이니 반안살 이다. 寅이 장성살이라면 다가올 卯는 망신살이다. 卯는 다음 차례에 장성살이 될 것이니 현재는 망신살이다.

겁재천은 잠을 자는 것과 같다. 겁재천은 亥子丑과 같고, 12운성 절 태양과 같다. 천간에 아침이 왔어도 지지가 겁재천이면 지지 현실은 밤과 같다. 깨어났는데 아직 밖은 어두우니 나가지 못하는 상태이다. 지지가 묶이면 천간은 어떻게 할 수 없다. 항상 천간보다 지지 현실 이 우선이라는 사실을 잊으면 안 된다. 천간만 가지고 움직이면 안 된다. 뜻대로, 생각대로 되지 않는 경우는 너무나 많다.

도화살〔연살〕은 남의 시선을 끄는 힘이다. 원국에 도화살〔연살〕이 있으면 타고난 도화살〔연살〕이고, 운에 의해서 일시적으로 도화가 될 수 있다. 원국에 도화살이 있다고 항상 도화기가 발동되는 것은 아니다. 운에서 도화에 해당하는 글자가 힘을 받아야 한다. 운이 돕 지 않으면 팔자에 있는 어떤 글자도 의미가 없다. 운에 의해서 겁재 천에 해당하여 힘을 잃고 잠을 자는 글자도 있다.

12신살 용어 정리

_겁살劫殺

겁살은 수배 중인 상태에서 겁을 먹고 숨어 지내는 시기이다. 겁살의 시기에는 드러나는 일을 하지 말고 조용히 살아가면 좋다. 겁살의 반대편에는 망신살이 있다. **겁살은 12운성 절(絕)과 같다.**

_재살災殺

재살은 **수옥살(囚獄殺)**이라고도 한다. 겁살이 수배 중인 상태라면 재살은 감옥에 있는 시기와 같다. 바닥을 친 시기이니 더 이상 추락은 없다. 재살의 반대편에는 장성살이 있다. **재살은 12운성 태(胎)와 같다.**

_천살天殺

바닥을 치면 오르게 되어 있다. **천살**이 되면 석방이다. 석방은 되었으나 살아갈 길이 막막하다. 기도하는 마음으로 살아가야 한다. 천살의 반대 글자는 반안살이다. **천살은 12운성 양(養)과 같다.**

_지살地殺

지살의 시기에는 새로운 일을 찾아 나선다. 일이 쉽게 찾아지는 것은 아니다. 지살의 반대편은 역마살이다. 지살은 새로운 일을 찾기 위해 떠나고, 역마살은 일을 마치고 떠난다. **지살은 12운성 장생(長生)과 같다.**

_연살年殺＝도화살桃花殺

연살에는 일을 찾아 면접을 본다. 면접관의 관심을 끌도록 꾸미고 장식해야 한다. 연살〔=도화살〕은 남의 시선을 끄는 힘이다. **연살은 12운성 목욕(沐浴)과 같다.**

_월살月殺＝고초살枯草殺

월살이 되면 취직이 된다. 취직한 후 새로운 환경에 적응하려면 어려움이 따른다. 월살이 새로운 출발이라면 반대편 글자인 화개살은 마무리이다. **월살은 12운성 관대(冠帶)와 같다.**

_망신살亡身殺

망신살은 더 높은 목표를 위해 치열하게 일하고 경쟁하는 시기이다. 실수하지 않도록 주의한다. 망신살의 반대 글자는 겁살이다. **망신살은 12운성 건록(建祿)과 같다.**

_장성살將星殺

장성살은 목표를 이룬 시기이다. 정상에 서면 내려올 준비를 해야 한다. 자연은 그냥 돌고 돈다. 장성살의 반대는 수옥살, 즉 재살이다. **장성살은 12운성 제왕(帝旺)과 같다.**

_반안살攀鞍殺

반안살은 정상의 자리에서 막 물러난 상태이다. 퇴직, 은퇴한 시기이다. 과거는 빨리 잊고 새로운 삶을 준비해야 한다. 반안살의 반대편에는 천살이 있다. **반안살은 12운성 쇠(衰)와 같다.**

_역마살驛馬殺

역마살은 일을 마치고 떠나는 시기이다. 떠나야 할 때는 떠나야 한다. 미련을 갖지 말고 새로운 일을 시작해야 한다. 역마살은 지살의 반대이다. **역마살은 12운성 병(病)과 같다.**

_육해살六害殺

역마살에서 시작된 두 번째 삶이 무르익어 간다. 물론 준비한 사람일 경우이다. 바쁘게 살기보다는 느긋하게 살아가면 좋다. **육해살의 반대에는 연살[=도화살]이 있다. 육해살은 12운성 사(死)와 같다.**

_화개살華蓋殺

화개살은 모든 일을 마무리하는 시기이다. 인생의 마지막이라는 의미도 있으니 종교, 사상, 교육 등 정신적인 일에 관심이 많다. 화개살의 반대편에는 월살이 있다. **화개살은 12운성 묘(墓)와 같다.**

원국에서 12신살

12신살에도 음양의 원리가 들어 있다.

팔자 원국에서는 월지가 무조건 장성살이다. 가장 힘이 있기 때문이다. 월지는 팔자의 사령부로 월령(月令)이라고도 한다. 월지는 팔자의 나머지 일곱 글자를 통제한다.

원국에서 월지와 같은 편에 있는 3개의 지지는 망신살·장성살·반안살이고, 반대편에 있는 3개의 지지는 겁살·재살·천살이다.

예를 들어 월지가 寅木이라면 월지 寅木과 같은 편에 있는 丑寅卯 3개의 지지는 반안살·장성살·망신살이고, 월지 寅木과 반대편에 있는 未申酉 3개의 지지는 천살·재살·겁살이 된다.

신살 월지	지년월	망장반	역육화	겁재천
寅	午巳辰	卯寅丑	子亥戌	酉申未
卯	未午巳	辰卯寅	丑子亥	戌酉申
辰	申未午	巳辰卯	寅丑子	亥戌酉
巳	酉申未	午巳辰	卯寅丑	子亥戌
午	戌酉申	未午巳	辰卯寅	丑子亥
未	亥戌酉	申未午	巳辰卯	寅丑子
申	子亥戌	酉申未	午巳辰	卯寅丑
酉	丑子亥	戌酉申	未午巳	辰卯寅
戌	寅丑子	亥戌酉	申未午	巳辰卯
亥	卯寅丑	子亥戌	酉申未	午巳辰
子	辰卯寅	丑子亥	戌酉申	未午巳
丑	巳辰卯	寅丑子	亥戌酉	申未午

운에서 12신살

원국과 운의 관계는 신하와 왕의 관계와 같다. 팔자 원국의 글자들은 운에 철저히 복종해야 한다. 운과 원국과의 관계에서는 운의 지지가 무조건 장성살이다.

운의 지지와 반대편에 있는 3개의 지지는 겁살·재살·천살이고, 운의 지지와 같은 편에 있는 3개의 지지는 망신살·장성살·반안살이다.

예를 들어 寅木 운에는 丑寅卯가 반안살·장성살·망신살에 속하고, 반대편 未申酉는 천살·재살·겁살에 속한다.

신살 운	겁살	재살	천살	지살	연살	월살	망신살	장성살	반안살	역마살	육해살	화개살
寅운	酉	申	未	午	巳	辰	卯	寅	丑	子	亥	戌
卯운	戌	酉	申	未	午	巳	辰	卯	寅	丑	子	亥
辰운	亥	戌	酉	申	未	午	巳	辰	卯	寅	丑	子
巳운	子	亥	戌	酉	申	未	午	巳	辰	卯	寅	丑
午운	丑	子	亥	戌	酉	申	未	午	巳	辰	卯	寅
未운	寅	丑	子	亥	戌	酉	申	未	午	巳	辰	卯
申운	卯	寅	丑	子	亥	戌	酉	申	未	午	巳	辰
酉운	辰	卯	寅	丑	子	亥	戌	酉	申	未	午	巳
戌운	巳	辰	卯	寅	丑	子	亥	戌	酉	申	未	午
亥운	午	巳	辰	卯	寅	丑	子	亥	戌	酉	申	未
子운	未	午	巳	辰	卯	寅	丑	子	亥	戌	酉	申
丑운	申	未	午	巳	辰	卯	寅	丑	子	亥	戌	酉

월지 중심 12신살

_월지가 子라면...

지지	子	丑	寅	卯	辰	巳	午	未	申	酉	戌	亥
12신살	장성	망신	월살	연살	지살	천살	재살	겁살	화개	육해	역마	반안

時	日	月	年
◯	◯	◯	◯
◯	午	子	◯

● 월지 子水가 장성살이니 일지 午火는 재살(災殺)이다.

● 재살은 감옥에 있는 것과 같다. 감옥에 있는 듯이 조용히 지내야 한다. 새로운 일을 추진하거나 늘리지 말아야 한다.

● 재살은 12운성 태(胎)와 같다.

_월지가 丑이라면...

지지	子	丑	寅	卯	辰	巳	午	未	申	酉	戌	亥
12신살	반안	장성	망신	월살	연살	지살	천살	재살	겁살	화개	육해	역마

- 월지 丑土가 장성살이고 일지 申金은 겁살(劫殺)이다.
- 겁살은 수배 중인 사람과 같다. 보이지 않는 곳에서 조용히 지내면 탈이 없다.
- 천간은 지지의 통제를 받으므로 현실에 바탕을 두고 뜻을 펼쳐야 한다.
- 겁살은 12운성 절(絶)과 같다.

_월지가 寅이라면...

지지	子	丑	寅	卯	辰	巳	午	未	申	酉	戌	亥
12신살	역마	반안	장성	망신	월살	연살	지살	천살	재살	겁살	화개	육해

- 월지 寅木이 장성살이고 일지 戌土는 화개살(華蓋殺)이다.

- 할 일이 적어지니 종교, 교육, 철학, 우주 등에 관심이 많다.
- 화개살은 12운성 묘(墓)와 같다.

_월지가 卯라면...

지지	子	丑	寅	卯	辰	巳	午	未	申	酉	戌	亥
12신살	육해	역마	반안	장성	망신	월살	연살	지살	천살	재살	겁살	화개

時	日	月	年
○	○	○	○
○	子	卯	○

- 월지 卯木이 장성살이고 일지 子水는 육해살(六害殺)이다.
- 지지는 시간이나 공간을 나타낸다. 육해살에서는 활동을 서서히 줄여가면 좋다.
- 육해살은 12운성 사(死)와 같다.

_월지가 辰이라면...

지지	子	丑	寅	卯	辰	巳	午	未	申	酉	戌	亥
12신살	화개	육해	역마	반안	장성	망신	월살	연살	지살	천살	재살	겁살

時	日	月	年
○	○	○	○
○	寅	辰	○

- 월지 辰土가 장성살이고 일지 寅木은 역마살(驛馬殺)이다.
- 역마살은 은퇴 후 새로운 삶을 위해 떠나는 시기이다. 과거의 삶은 잊어야 한다.
- 천간은 양이고 지지는 음이다. 음이 양을 통제한다.
- 역마살은 12운성 병(病)에 해당한다.

_월지가 巳라면...

지지	子	丑	寅	卯	辰	巳	午	未	申	酉	戌	亥
12신살	겁살	화개	육해	역마	반안	장성	망신	월살	연살	지살	천살	재살

- 월지 巳火가 장성살이고 일지 辰土가 반안살(攀鞍殺)이다.
- 반안살은 막 은퇴한 시기이다. 제2의 삶을 찾아야 한다.
- 천간보다 지지 중심으로 살아야 실패가 적다.
- 반안살은 12운성 쇠(衰)와 같다.

_월지가 午라면...

지지	子	丑	寅	卯	辰	巳	午	未	申	酉	戌	亥
12신살	재살	겁살	화개	육해	역마	반안	장성	망신	월살	연살	지살	천살

時	日	月	年
○	○	○	○
○	午	午	○

- 월지 午火가 장성살이니 일지 午火도 장성살이다.
- 장성살은 정상에 있는 시기나 환경이다. 가장 인기가 좋고 바쁜 시기이다.
- 지지 午火의 속성은 그대로 가지고 있다. 午火는 밝고 사람이 많은 곳이다.
- 장성살은 12운성 제왕(帝旺)에 해당한다.

월지가 未라면...

지지	子	丑	寅	卯	辰	巳	午	未	申	酉	戌	亥
12신살	천살	재살	겁살	화개	육해	역마	반안	장성	망신	월살	연살	지살

時	日	月	年
○	○	○	○
○	申	未	○

- 월지 未土가 장성살이고 일지 申金은 망신살이다.
- 망신살은 장성살 직전의 시기이다. 정상에 오르기 위해 바쁘기 움직이는 시기이다. 정상에 오르는 일은 쉽지 않다.
- 망신살은 12운성 건록(建祿)에 해당한다.

_월지가 申이라면...

지지	子	丑	寅	卯	辰	巳	午	未	申	酉	戌	亥
12신살	지살	천살	재살	겁살	화개	육해	역마	반안	장성	망신	월살	연살

時	日	月	年
○	○	○	○
○	戌	申	○

- 월지 申金이 장성살이고 일지 戌土는 월살(月殺)이다.
- 월살은 교육을 마치고 막 취직한 시기이다. 새로운 환경에 뿌리를 내려야 하는 어려움이 있다. 고초살(枯草殺)이라고도 한다.
- 월살은 12운성 관대(冠帶)에 해당한다.

_월지가 酉라면...

지지	子	丑	寅	卯	辰	巳	午	未	申	酉	戌	亥
12신살	연살	지살	천살	재살	겁살	화개	육해	역마	반안	장성	망신	월살

時	日	月	年
○	○	○	○
○	子	酉	○

- 월지 酉金이 장성살이고 일지 子水는 연살(年殺)이다.
- 연살은 남의 시선을 끄는 매력이 있다.
- 연살은 독립하기 위해 부지런히 배우고 익히는 시기이다. 도화살(桃

花殺)이라고도 한다.

● 연살은 12운성 목욕(沐浴)에 해당한다.

_월지가 戌이라면...

지지	子	丑	寅	卯	辰	巳	午	未	申	酉	戌	亥
12신살	월살	연살	지살	천살	재살	겁살	화개	육해	역마	반안	장성	망신

時	日	月	年
◯	◯	◯	◯
◯	寅	戌	◯

● 월지 戌土가 장성살이고 일지 寅木은 지살(地殺)이다.

● 지살은 새로운 봄을 맞듯이 희망을 안고 새 출발을 하는 시기이다.
  이 시기는 어떤 환경에서 누구와 함께 있는지가 중요하다.

● 지살은 12운성 장생(長生)과 같다.

_월지가 亥라면...

지지	子	丑	寅	卯	辰	巳	午	未	申	酉	戌	亥
12신살	망신	월살	연살	지살	천살	재살	겁살	화개	육해	역마	반안	장성

時	日	月	年
◯	◯	◯	◯
◯	辰	亥	◯

- 월지 亥水가 장성살이고 일지 辰土는 천살(天殺)이다.

- 천살의 환경에서는 아직 모든 것이 미정(未定)이다. 감옥에서 석방
  되어 막막하다. 기도하는 심정으로 보내야 한다.

- 천살은 12운성 양(養)과 같다.

12신살 연습

時	日	月	年
○	○	○	○
○	巳	戌	○

- 월지 戌土는 장성살이다.
- 일지 巳火는 겁살이다.

時	日	月	年		
○	○	○	○		
○	寅	○	○	←	未

- 운의 글자 未土가 장성살이다.
- 일지 寅木은 겁살이다.

● 월지 午火가 장성살이다.

● 일지 子水는 재살이다.

● 운에서 오는 辰土가 장성살이다.

● 월지 戌土는 재살이다.

● 월지 戌土가 장성살이다.

● 시지 卯木은 천살이다.

● 운의 글자 丑土가 장성살이다.

● 시지 午火는 천살이다.

時	日	月	年
◯	◯	◯	◯
◯	◯	酉	丑

● 월지 酉金이 장성살이다.

● 연지의 丑土는 지살이다.

時	日	月	年
◯	◯	◯	◯
◯	申	◯	◯	← 辰

● 운의 辰土가 장성살이다.

● 일지 申金은 지살이다.

時	日	月	年
◯	◯	◯	◯
◯	◯	申	亥

● 월지 申金이 장성살이다.

● 연지 亥水는 연살(도화살)이다.

●辰 운이 오면 辰土가 장성살이다.

●월지 未土는 연살(도화살)이다.

●월지 亥水가 장성살이다.

●일지 丑土는 월살이다.

●운에서 오는 戌土가 장성살이다.

●일지 子水는 월살이다.

●월지 亥水가 장성살이다.

●일지 戌土는 반안살이다.

時	日	月	年
○	○	○	○
○	○	巳	○	← 辰

●운에서 오는 辰土가 장성살이다.
●월지 巳火는 망신살이다.

時	日	月	年
○	○	○	○
亥	○	亥	○

●월지 亥水는 장성살이다.
●시지 亥水도 장성살이다.

時	日	月	年
○	○	○	○
卯	○	○	○	← 卯

●운에서 오는 卯木이 장성살이다.
●시지 卯木도 장성살이다.

●월지 巳火가 장성살이다.

●연지 辰土는 반안살이다.

●운에서 오는 午火가 장성살이다.

●연지에 있는 巳火는 반안살이다.

●월지 辰土가 장성살이다.

●연지의 寅木은 역마살이다.

●巳火 운에는 巳火가 장성살이다.

● 월지 卯木은 역마살이다.

● 월지 丑土가 장성살이다.

● 연지 戌土는 육해살이다.

● 운에서 오는 未土가 장성살이다.

● 시지에 있는 辰土는 육해살이다.

<table>
<tr><td>時</td><td>日</td><td>月</td><td>年</td></tr>
<tr><td>○</td><td>○</td><td>○</td><td>○</td></tr>
<tr><td>○</td><td>○</td><td>酉</td><td>巳</td></tr>
</table>

● 월지 酉金이 장성살이다.

● 연지 巳火는 화개살이다.

時	日	月	年
○	○	○	○
丑	○	○	○	← 巳

- 巳火 운에는 巳火가 장성살이다.
- 시지 丑土는 화개살이다.

時	日	月	年
○	○	○	○
○	申	巳	○

- 월지 巳火는 장성살이다.
- 일지 申金이 도화살(연살)이다.
- 일간이 도화살(연살) 위에 앉아 있다.

時	日	月	年
○	○	○	○
○	○	巳	申

- 월지 巳火는 장성살이다.
- 연지 申金이 도화살(연살)이다.
- 연간이 도화살(연살) 위에 앉아 있다.
- 어린 시절에 오는 도화살(연살)이다.

- 월지 巳火는 장성살이다.

- 시지 申金이 도화살(연살)이다.

- 시간이 도화살(연살) 위에 있다.

- 은퇴한 후에 오는 도화살(연살)이다.

 ← 丑寅卯

- 丑寅卯 운이 오면 일지 申金은 겁재천에 해당한다.

- 겁재천에 해당하는 申金은 약해진다.

- 운이 원국의 글자들을 지배하기 때문이다.

 ← 未申酉

- 未申酉 운이 오면 일지 申金은 망장반이 된다.

- 원국에 있는 신살은 운에서 도와줄 때 힘을 받는다.

- 다른 글자들도 모두 마찬가지이다.

원국에 없는 신살도 운에서 올 수 있다. 운에서 오는 것은 일시적이다.

- 연지 酉金은 지살이다.

- 월지 巳火는 장성살이다.

- 일지 辰土는 반안살이다.

- 시지 卯木은 역마살이다.

- 원국에 도화살(연살)은 없다.

- 午火 운이 오면 연지 酉金이 도화살(연살)이다.

- 운에서 오는 도화살(연살)은 일시적이다.

- 운에서 오는 신살은 강력하지 않다.

時	日	月	年	
○	○	○	○	
卯	辰	巳	酉	← 寅

- 寅木 운이 오면 월지 巳火가 도화살(연살)이다.

●운에서 오는 도화살(연살)은 일시적이다.

●타고나지 않은 신살은 강력하지 않다.

●丑土 운에는 일지 辰土가 도화살(연살)이다.

●원국이 아닌 운에서 오는 도화살(연살)이다.

●다른 12신살도 마찬가지이다.

목생화가 말이 안 되니 목다화식(木多火熄)이라는 말이 나왔다. 나무가 많으면 불을 끈다는 것이다. 원래 木은 나무가 아니고 火는 불이 아니었다. 목생화는 木 다음에 火가 온다는 뜻이다.

화생토가 말이 안 되니 화다토초(火多土焦)가 나왔다. 火가 많으면 土를 태운다는 것이다. 말은 근사하지만 역시 말이 안 된다. 화생토는 火 다음에 土가 나온다는 의미이다.

토생금이 말이 안 되니 토다금매(土多金埋)라는 말이 있다. 土가 많으면 金을 덮는다는 것이다. 한자(漢字)가 아니었다면 명리를 훨씬 쉽게 배웠을지도 모른다. 토생금은 土 다음에 金이 온다는 뜻이다.

금생수가 말이 안 되니 금다수탁(金多水濁)이 생겼다. 첫 단추가 잘못되면 계속 꼬인다. 金이 많으면 水가 탁해진다고 한다. 금생수는 金 다음에 水가 온다는 뜻이다.

수생목이 말이 안 되니 수다목부(水多木浮)가 생겼다. 水가 많으면 木이 물에 뜬다는 것이다. 원래 水는 물이 아니고 木은 나무가 아니다. 수생목은 水 다음에 木이 온다는 뜻이다.

또 있다.

목생화라고 해놓고 火가 많으면 木이 탄다고 한다. 화다목분(火多木

焚)이다. 이렇게 서로 다른 용어를 만들어 놓고 어떤 상황에서도 끼워 맞춘다. 초학자들은 몹시 헤맨다.

화생토라고 해놓고 土가 많으면 火가 약해진다고 한다. 토다화회(土多火晦)다. 처음부터 火는 불이 아니었다. 명리학은 자연의 법에 근거한 논리적이고 이성적이고 객관적인 학문이다.

토생금이라고 해놓고 金이 많으면 土가 약해진다고 한다. 금다토허(金多土虛)다. 쉬운 내용을 근사한 문자를 써가며 계속 어렵게 만들고 있다. 첫 단추의 중요성이다.

금생수라고 해놓고 水가 많으면 金이 가라앉는다고 한다. 수다금침(水多金沈)이다. 오행은 시작부터 끝까지를 다섯 단계로 나누고 이름을 붙인 그 이상도 그 이하도 아니다.

수생목이라고 해놓고 木이 많으면 水가 줄어든다고 한다. 목다수축(木多水縮)이다. 이렇게 어지럽게 된 이유는 손가락이 가리키는 달을 보지 않고 손가락에 해당하는 한자(漢字)에 집착한 까닭이다.

극(剋)도 마찬가지이다.

목극토라고 해놓고 土가 많으면 木이 부러진다고 한다. 토다목절(土

多木折)이다. 설명을 들으면 그럴듯하다. 木은 나무가 아니고 土는 흙을
의미한 것이 아니다.

화극금이라고 해놓고 金이 많으면 火가 꺼진다고 한다. 금다화식(金
多火熄)이다. 결과를 알고 사주팔자에 끼워 맞추는 일을 해서는 안 된다.

토극수라고 해놓고 水가 많으면 土가 떠내려간다고 한다. 수다토류
(水多土流)다. 원래 오행의 水는 물이 아니고, 오행의 土는 흙이 아니었다.

금극목이라고 해놓고 木이 많으면 金이 이지러진다고 한다. 목다금
결(木多金缺)이다. 한자나 한문 공부에는 도움이 되겠지만 명리학 학습
에는 도움이 안 된다.

수극화라고 해놓고 火가 강하면 水가 증발한다고 한다. 화다수증(火
多水烝)이다. 기본에 충실하지 않으면 갈수록 꼬여 나중에는 숲을 보지
못하고 숲속을 헤매며 무엇을 하는지도 모르고 살아간다.

천간과 지지와 관계
(12운성)

나이스자료랑의 명리학 다시 쓰는

...이론편...

새로운 12운성 표

천간 지지	甲	乙	丙	丁	戊	己	庚	辛	壬	癸
寅	건록 (建祿)	절 (絕)	장생 (長生)	병 (病)	장생 (長生)	병 (病)	절 (絕)	건록 (建祿)	병 (病)	장생 (長生)
卯	제왕 (帝旺)	태 (胎)	목욕 (沐浴)	사 (死)	목욕 (沐浴)	사 (死)	태 (胎)	제왕 (帝旺)	사 (死)	목욕 (沐浴)
辰	쇠 (衰)	양 (養)	관대 (冠帶)	묘 (墓)	관대 (冠帶)	묘 (墓)	양 (養)	쇠 (衰)	묘 (墓)	관대 (冠帶)
巳	병 (病)	장생 (長生)	건록 (建祿)	절 (絕)	건록 (建祿)	절 (絕)	장생 (長生)	병 (病)	절 (絕)	건록 (建祿)
午	사 (死)	목욕 (沐浴)	제왕 (帝旺)	태 (胎)	제왕 (帝旺)	태 (胎)	목욕 (沐浴)	사 (死)	태 (胎)	제왕 (帝旺)
未	묘 (墓)	관대 (冠帶)	쇠 (衰)	양 (養)	쇠 (衰)	양 (養)	관대 (冠帶)	묘 (墓)	양 (養)	쇠 (衰)
申	절 (絕)	건록 (建祿)	병 (病)	장생 (長生)	병 (病)	장생 (長生)	건록 (建祿)	절 (絕)	장생 (長生)	병 (病)
酉	태 (胎)	제왕 (帝旺)	사 (死)	목욕 (沐浴)	사 (死)	목욕 (沐浴)	제왕 (帝旺)	태 (胎)	목욕 (沐浴)	사 (死)
戌	양 (養)	쇠 (衰)	묘 (墓)	관대 (冠帶)	묘 (墓)	관대 (冠帶)	쇠 (衰)	양 (養)	관대 (冠帶)	묘 (墓)
亥	장생 (長生)	병 (病)	절 (絕)	건록 (建祿)	절 (絕)	건록 (建祿)	병 (病)	장생 (長生)	건록 (建祿)	절 (絕)
子	목욕 (沐浴)	사 (死)	태 (胎)	제왕 (帝旺)	태 (胎)	제왕 (帝旺)	사 (死)	목욕 (沐浴)	제왕 (帝旺)	태 (胎)
丑	관대 (冠帶)	묘 (墓)	양 (養)	쇠 (衰)	양 (養)	쇠 (衰)	묘 (墓)	관대 (冠帶)	쇠 (衰)	양 (養)

12운성의 새로운 해석

태극 모양에서 보듯이 우주의 음과 양은 대등하다. 음과 양을 대등하게 여겨야 활력과 건강이 넘치는 사회를 이룰 수 있다. 공부와 휴식, 일과 휴식을 적절하게 배분해야 능률을 올리고 효율을 높일 수 있다.

음과 양은 밤과 낮의 변화처럼 반대로 운동한다. 음이 활동하면 양이 쉬고, 양이 활동하면 음이 쉰다. 음양 운동은 나가면 들어오고, 올라가면 내려오고, 열면 닫고, 커지면 작아지고, 켜면 끄고, 펼치면 덮는 반복 순환운동이다. 만물은 음양 운동을 통해 활력을 찾고 생명을 이어간다.

안에서 밖으로 나오는 운동이 양 운동이고, 밖에서 안으로 들어가는 운동이 음 운동이다. 목화토금수 오행도 모두 음양 운동을 한다. 양간인 甲丙戊庚壬은 안에서 밖으로 나가고, 음간인 乙丁己辛癸는 밖에서 안으로 들어간다.

안으로 들어가면서 활동하는 음은 잘 보이지 않는다. 그래서 음을 무시하는 경우가 있다. 그러나 동전의 앞뒷면처럼 음이 없는 양은 있을 수가 없다.

천간	지지
우주	지구
하늘	땅
오행	사계절
머리(두뇌)	손발
생각	현실
사랑	밥

사주팔자는 천간과 지지로 되어 있다.

천간과 지지와의 관계를 설명해 놓은 것이 12운성이다.

오행 기준 12운성

木운동은 甲木이 안에서 밖으로 나가면 乙木이 밖에서 안으로 들어간다.

火운동은 丙火가 안에서 밖으로 나가면 丁火가 밖에서 안으로 들어간다.

土운동은 戊土가 안에서 밖으로 나가면 己土가 밖에서 안으로 들어간다.

金운동은 庚金이 안에서 밖으로 나가면 辛金이 밖에서 안으로 들어간다.

水운동은 壬水가 안에서 밖으로 나가면 癸水가 밖에서 안으로 들어간다.

오행	木	火	土	金	水	운동 방향
양간	甲木	丙火	戊土	庚金	壬水	안에서 밖으로 나간다
음간	乙木	丁火	己土	辛金	癸水	밖에서 안으로 들어온다

_木 운동의 12운성

木운동에 관해 알아보자. 木에는 甲木과 乙木이 있다.

- 木운동은 卯와 酉에서 배턴 터치가 이루어진다. 酉에서 잉태하여 卯까지 안에서 밖으로 나가며 확산 상승 운동을 담당하는 木은 양 간인 甲木이다. 卯에서 배턴을 이어받아 酉까지 밖에서 안으로 들 어가며 응축 하강 운동은 乙木이 담당한다.

- 甲木이 확산 상승하는 일을 할 때 乙木은 휴식과 충전을 하고, 乙木 이 응축 하강하는 일을 할 때 甲木은 휴식과 충전을 한다.

	寅	卯	辰	巳	午	未	申	酉	戌	亥	子	丑
甲木	건록 (建祿)	제왕 (帝旺)	쇠 (衰)	병 (病)	사 (死)	묘 (墓)	절 (絕)	태 (胎)	양 (養)	장생 (長生)	목욕 (沐浴)	관대 (冠帶)
乙木	절 (絕)	태 (胎)	양 (養)	장생 (長生)	목욕 (沐浴)	관대 (冠帶)	건록 (建祿)	제왕 (帝旺)	쇠 (衰)	병 (病)	사 (死)	묘 (墓)

_火 운동의 12운성

火운동에 관해 알아보자. 火에는 丙火와 丁火가 있다.

- 火운동은 丙火와 丁火가 번갈아 가며 더 확산과 더 상승, 더 응축과 더 하강하는 음양 운동을 한다.

- 火운동은 午와 子에서 배턴 터치가 이루어진다. 子에서 잉태하여 안 에서 밖으로 나가며 더 확산 더 상승하는 운동은 丙火가 담당한다. 午에서 배턴을 이어받아 子까지 안으로 들어가며 더 응축 더 하강하 는 운동은 丁火가 담당한다.

● 丙火가 더 확산 더 상승하는 일을 할 때 丁火는 휴식과 충전을 하고,
丁火가 더 응축 더 하강하는 일을 할 때 丙火는 휴식과 충전을 한다.

	寅	卯	辰	巳	午	未	申	酉	戌	亥	子	丑
丙火	장생 (長生)	목욕 (沐浴)	관대 (冠帶)	건록 (建祿)	제왕 (帝旺)	쇠 (衰)	병 (病)	사 (死)	묘 (墓)	절 (絕)	태 (胎)	양 (養)
丁火	병 (病)	사 (死)	묘 (墓)	절 (絕)	태 (胎)	양 (養)	장생 (長生)	목욕 (沐浴)	관대 (冠帶)	건록 (建祿)	제왕 (帝旺)	쇠 (衰)

_土 운동의 12운성

土운동에 관해 알아보자. 土에는 戊土와 己土가 있다.

● 土운동은 戊土와 己土가 번갈아 가며 음양 운동을 한다. 土운동은
火土동법에 의해 火운동과 12운성을 같이 쓴다.

● 土운동은 火운동처럼 午와 子에서 배턴 터치가 이루어진다. 子에서
午까지는 안에서 밖으로 나가며 戊土가 활동하고, 午에서 子까지는
밖에서 안으로 들어가며 己土가 활동한다.

● 戊土는 더 확산 더 상승하는 丙火의 운동을 억제하며 응축 하강 운
동하는 庚金을 돕는다. 己土는 더 응축 더 하강하는 丁火의 운동을
억제하고 확산 상승 운동하는 辛金을 돕는다.

● 戊土가 활동하면 己土는 휴식과 충전을 하고, 己土가 활동하면 戊土
는 휴식과 충전을 한다.

	寅	卯	辰	巳	午	未	申	酉	戌	亥	子	丑
戊土	장생 (長生)	목욕 (沐浴)	관대 (冠帶)	건록 (建祿)	제왕 (帝旺)	쇠 (衰)	병 (病)	사 (死)	묘 (墓)	절 (絶)	태 (胎)	양 (養)
己土	병 (病)	사 (死)	묘 (墓)	절 (絶)	태 (胎)	양 (養)	장생 (長生)	목욕 (沐浴)	관대 (冠帶)	건록 (建祿)	제왕 (帝旺)	쇠 (衰)

_金 운동의 12운성

金운동에 관해 알아보자. 金에는 庚金과 辛金이 있다.

● 金운동은 庚金과 辛金이 번갈아 가며 응축과 확산, 하강과 상승하는 운동을 한다. 만물은 생명을 이어가기 위해 올라가는 만큼 내려오고, 내려간 만큼 올라가는 음양 운동을 한다.

● 金운동은 木운동처럼 卯와 酉에서 배턴 터치를 하지만 운동 방향은 반대이다. 卯에서 잉태하여 안에서 밖으로 나가며 응축 하강 운동을 담당하는 金은 庚金이다. 酉에서 배턴을 이어받아 卯까지 밖에서 안으로 들어가며 확산 상승 운동은 辛金이 담당한다.

● 庚金이 응축 하강하는 일을 할 때 辛金은 휴식과 충전을 하고, 辛金이 확산 상승하는 일을 할 때 庚金은 휴식과 충전을 한다.

	寅	卯	辰	巳	午	未	申	酉	戌	亥	子	丑
庚金	절 (絶)	태 (胎)	양 (養)	장생 (長生)	목욕 (沐浴)	관대 (冠帶)	건록 (建祿)	제왕 (帝旺)	쇠 (衰)	병 (病)	사 (死)	묘 (墓)
辛金	건록 (建祿)	제왕 (帝旺)	쇠 (衰)	병 (病)	사 (死)	묘 (墓)	절 (絶)	태 (胎)	양 (養)	장생 (長生)	목욕 (沐浴)	관대 (冠帶)

_水 운동의 12운성

水운동에 관해 알아보자. 水에는 壬水와 癸水가 있다.

● 水운동은 壬水와 癸水가 번갈아 가며 더 응축과 더 확산, 더 하강과 더 상승하는 운동을 한다.

● 水운동은 火운동처럼 子와 午에서 배턴 터치를 하지만 운동 방향은 반대이다. 午에서 잉태하여 안에서 밖으로 나가며 더 응축 더 하강 운동을 담당하는 水는 壬水이다. 子에서 배턴을 이어받아 午까지 밖에서 안으로 들어가며 더 확산 더 상승하는 운동은 癸水가 담당한다.

● 壬水가 더 응축 더 하강하는 일을 할 때 癸水는 휴식과 충전을 하고, 癸水가 더 확산 더 상승하는 일을 할 때 壬水는 휴식과 충전을 한다.

	寅	卯	辰	巳	午	未	申	酉	戌	亥	子	丑
壬水	병(病)	사(死)	묘(墓)	절(絶)	태(胎)	양(養)	장생(長生)	목욕(沐浴)	관대(冠帶)	건록(建祿)	제왕(帝旺)	쇠(衰)
癸水	장생(長生)	목욕(沐浴)	관대(冠帶)	건록(建祿)	제왕(帝旺)	쇠(衰)	병(病)	사(死)	묘(墓)	절(絶)	태(胎)	양(養)

천간 기준 12운성

계절 천간	봄(寅卯辰)	여름(巳午未)	가을(申酉戌)	겨울(亥子丑)
甲木	록왕쇠(祿旺衰)	병사묘(病死墓)	절태양(絕胎養)	생욕대(生浴帶)
乙木	절태양(絕胎養)	생욕대(生浴帶)	록왕쇠(祿旺衰)	병사묘(病死墓)
丙火	생욕대(生浴帶)	록왕쇠(祿旺衰)	병사묘(病死墓)	절태양(絕胎養)
丁火	병사묘(病死墓)	절태양(絕胎養)	생욕대(生浴帶)	록왕쇠(祿旺衰)
戊土	생욕대(生浴帶)	록왕쇠(祿旺衰)	병사묘(病死墓)	절태양(絕胎養)
己土	병사묘(病死墓)	절태양(絕胎養)	생욕대(生浴帶)	록왕쇠(祿旺衰)
庚金	절태양(絕胎養)	생욕대(生浴帶)	록왕쇠(祿旺衰)	병사묘(病死墓)
辛金	록왕쇠(祿旺衰)	병사묘(病死墓)	절태양(絕胎養)	생욕대(生浴帶)
壬水	병사묘(病死墓)	절태양(絕胎養)	생욕대(生浴帶)	록왕쇠(祿旺衰)
癸水	생욕대(生浴帶)	록왕쇠(祿旺衰)	병사묘(病死墓)	절태양(絕胎養)

●양간(甲丙戊庚壬) : 안에서 밖으로 나가는 운동을 한다.

●음간(乙丁己辛癸) : 밖에서 안으로 들어오는 운동을 한다.

_木운동...甲木이 안에서 밖으로 나가면서 확산 상승하면,

　　　　乙木은 밖에서 안으로 들어오면서 응축 하강한다.

_火운동...丙火가 안에서 밖으로 나가면서 더 확산 더 상승하면,

　　　　丁火는 밖에서 안으로 들어오면서 더 응축 더 하강한다.

_金운동...庚金이 안에서 밖으로 나가면서 응축 하강하면,

　　　　辛金은 밖에서 안으로 들어오면서 확산 상승한다.

_水운동...壬水가 안에서 밖으로 나가면서 더 응축 더 하강하면,

　　　　癸水는 밖에서 안으로 들어오면서 더 확산 더 상승한다.

*土운동은 지구에서는 火土동법을 적용한다.

_土운동...戊土는 안에서 밖으로 나가면서 丙火에 제동을 걸고 응축

　　　　하강하는 속성을 가진 庚金을 돕는다.

　　　　己土는 밖에서 안으로 들어오면서 더 응축 더 하강 운동을 하는

　　　　丁火를 멈추게 하고 확산 상승하는 辛金을 돕는다.

지지 기준 12운성

음과 양은 반대로 운동한다. 양이 활동할 때는 음은 쉬고, 음이 활동할 때는 양이 쉰다. 양간이 록왕쇠일 때 음간은 절태양이고, 양간이 절태양일 때는 음간은 록왕쇠이다. 양간이 생욕대이면 음간은 병사묘이고, 양간이 병사묘이면 음간은 생욕대이다.

- 양간(甲丙戊庚壬) : 안에서 밖으로 나가는 운동을 한다.
- 음간(乙丁己辛癸) : 밖에서 안으로 들어오는 운동을 한다.

양간	록왕쇠(祿旺衰)	절태양(絶胎養)	생욕대(生浴帶)	병사묘(病死墓)
음간	절태양(絶胎養)	록왕쇠(祿旺衰)	병사묘(病死墓)	생욕대(生浴帶)

_寅卯辰... 봄이나 아침과 같다. 寅卯辰에서는 확산과 상승 운동이 일어난다. 寅卯辰에서는 甲木과 辛金이 록왕쇠로 만물을 주도한다.

_巳午未... 여름이나 낮과 같다. 巳午未에서는 더 확산과 더 상승 운동이 일어난다. 巳午未에서는 丙火와 癸水가 록왕쇠로 만물을 주도한다. 戊土도 이때 왕성하지만 丙火와는 약간 다르다.

_申酉戌... 가을이나 저녁과 같다. 申酉戌에서는 응축 하강 운동이 일어난다. 申酉戌에서는 庚金과 乙木이 록왕쇠로 만물을 주도한다.

_亥子丑... 겨울이나 밤과 같다. 亥子丑에서는 더 응축 더 하강 운동이 일어난다. 亥子丑에서는 壬水와 丁火가 록왕쇠로 만물을 주도한다. 己土도 이때 왕성하게 활동하지만 丁火와는 약간 다르다.

*12운성에서는 火土동법을 적용한다.

_그러나 丙火와 戊土가 같을 리가 없고, 丁火와 己土가 같을 리가 없다. 丙火는 더 확산 더 상승 운동을 하고, 戊土는 더 확산 더 상승 운동을 하는 丙火를 멈추게 하고 응축 하강하는 속성을 가진 庚金을 돕는다. 丁火는 더 응축 더 하강 운동을 하고, 己土는 더 응축 더 하강 운동을 하는 丁火의 운동을 멈추게 하고 확산 상승하는 辛金을 돕는다.

각 지지에서 본 천간의 12운성

_寅에서 각 천간의 12운성

	甲	乙	丙	丁	戊	己	庚	辛	壬	癸
寅	건록 (建祿)	절 (絕)	장생 (長生)	병 (病)	장생 (長生)	병 (病)	절 (絕)	건록 (建祿)	병 (病)	장생 (長生)

● 甲木은 寅에서 12운성으로 건록이다. 양간은 힘을 받으면 안에서 밖으로 나온다. 봄철에 록왕쇠로 왕성하게 활동하는 것은 乙木이 아닌 甲木이다.

● 乙木은 寅에서 12운성으로 절이다. 甲木이 활동하면 乙木은 휴식하고, 乙木이 활동하면 甲木이 휴식한다. 甲木이 확산 상승하는 만큼 乙木은 응축 하강 운동을 한다.

●丙火는 寅에서 장생이고 丁火는 寅에서 병이다. 장생은 태어나서 출생신고를 한 시기이다. 태에서 잉태하고 양에서 길러져서 장생(長生)에서 태어난다. 丙火는 더 확산 더 상승 운동을 한다.

●丁火는 寅에서 병이다. 쇠에서 은퇴하고 병사묘 시기에는 많은 일보다는 여유를 부리며 살아가면 좋다. 쇠·병·사·묘·절에서는 한가하게 시간을 보내면 좋다. 丙火가 더 확산 더 상승하는 만큼 丁火는 더 응축 더 하강한다.

●戊土는 寅에서 장생이다. 火土동법에 의해 丙火와 戊土가 12운성을 같이 쓰고, 丁火와 己土가 12운성을 같이 쓴다. 천간의 오행 운동과 지지의 사계절 운동 차이 때문에 火와 土를 火土동법으로 사용한다. 戊土는 더 확산 더 상승 운동을 하는 丙火의 속도를 줄여 멈추게 한 후 응축 하강하는 속성을 가진 庚金을 돕는다.

●己土는 寅월에 병이다. 병의 시기에는 일을 벌이면 안 된다. 여유있는 생활이 좋다. 火土동법으로 己土는 丁火와 12운성을 같이 쓴다. 己土는 더 응축 더 하강 운동을 하는 丁火를 멈추게 하고 확산 상승하는 辛金을 돕는다.

●庚金은 寅에서 절이다. 절·태·양 시기에는 잠을 자듯이 조용히 지내면 좋다. 새로운 일을 시도하는 것은 좋지 않다. 하는 일을 그대로 하면 된다.

●辛金은 寅에서 건록이다. 음간들은 강해질수록 안으로 들어가서

보이지 않게 된다. 양간이 강해지면 밖으로 나오고, 음간이 강해지면 안으로 들어간다. 봄철 寅卯辰에서 록왕쇠로 왕성하게 활동하는 金운동은 庚金이 아닌 辛金이다. 음간이므로 보이지 않을 뿐이다.

● 壬水는 寅에서 병이다. 병사묘 시기에는 퇴근하는 시기와 같으므로 일을 줄이고 휴식을 늘리면 좋다. 병보다는 사, 사보다는 묘가 더 여유 시간이 많아진다. 여유가 있을 때에는 여행이나 학문 등으로 충전하면 좋다.

● 癸水는 寅에서 장생이다. 장생은 새로 태어난 시기와 같다. 음간이 활동을 시작하면 서서히 안으로 들어간다. 癸水는 더 확산 더 상승 운동을 하는 운동을 한다.

_卯에서 각 천간의 12운성

	甲	乙	丙	丁	戊	己	庚	辛	壬	癸
卯	제왕 (帝旺)	태 (胎)	목욕 (沐浴)	사 (死)	목욕 (沐浴)	사 (死)	태 (胎)	제왕 (帝旺)	사 (死)	목욕 (沐浴)

● 甲木은 卯에서 제왕이다. 甲木의 확산 상승 운동이 활발히 일어난다. 산의 정상에 오르면 내려와야 한다. 봄철에 록왕쇠로 왕성하게 활동하는 것은 乙木이 아닌 甲木이다.

● 乙木은 卯에서 태이다. 절태양은 충전의 시기이니 새로운 일이나

무리한 일을 하면 안 된다. 하던 일을 하면서 조용히 지내면 좋다. 드러나는 일은 삼가야 한다.

●丙火는 卯에서 목욕이다. 목욕은 어린아이의 티를 벗고 독립하기 위해서 배우고 익히는 시기이다. 丙火는 더 확산 더 상승 운동을 하는 운동을 한다. 천간의 속성은 반드시 지켜져야 한다.

●丁火는 卯에서 사이다. 사에서는 바쁘던 일이 점점 줄어든다. 지친 몸과 마음을 휴식하며 충전하면 좋다. 丁火는 더 응축 더 하강하는 속성이 있다. 응축 하강하면 외형은 볼품은 없어지나 실속이 생긴다.

●戊土는 卯에서 丙火처럼 목욕이다. 목욕은 중·고등학생처럼 배우는 시기이다. 아직 독립은 힘들다. 戊土는 더 확산 더 상승 운동을 하는 丙火의 속도를 줄여 멈추게 한 후 응축 하강하는 속성을 가진 庚金을 돕는다. 천간의 속성은 반드시 지켜야 한다.

●己土는 卯에서 丁火처럼 12운성 사이다. 사에서는 일거리가 줄어드니 휴식하며 충전하면 좋다. 쇠·병·사·묘 등 한자(漢字) 자체에 집착하면 안 된다.

●庚金은 卯에서 태이다. 태는 막 잉태한 것으로 이제 출발선에 섰다. 더 하락은 없다. 실망하면 안 된다. 먼 미래를 내다보며 장기적인 계획을 세워야 한다.

●辛金은 卯에서 제왕이다. 음간이 힘을 받으면 안으로 깊숙이 들어

가서 보이지 않는다. 보이지 않는다고 없는 것이 아니다. 오행은 눈에 보이는 양간만을 말하고 있다. 오행은 반쪽짜리 명리이다.

●壬水는 卯에서 사이다. 壬水는 더 응축 더 하강하는 속성을 가지고 있다. 사는 퇴근하는 시기와 같아서 일을 줄여가면 좋다. 여유, 여행, 충전과 연관이 있다. 사 보다는 묘, 묘보다는 절이 더 한가하다. 잠자며 충전할 때도 있어야 한다.

●癸水는 卯에서 목욕이다. 癸水는 더 확산 더 상승 운동을 한다. 癸水 는 서서히 안으로 들어가며 확산 상승하는 일을 한다. 안에서 하는 일 은 두뇌를 쓰는 일이다.

_辰에서 각 천간의 12운성

	甲	乙	丙	丁	戊	己	庚	辛	壬	癸
辰	쇠 (衰)	양 (養)	관대 (冠帶)	묘 (墓)	관대 (冠帶)	묘 (墓)	양 (養)	쇠 (衰)	묘 (墓)	관대 (冠帶)

●甲木은 辰에서 쇠이다. 乙木에게 배턴을 넘기고 은퇴한 후에도 새 롭게 할 일은 있다. 쇠에서는 과거에 대한 정리와 반성 그리고 새로운 계획이 필요하다. 두 번째 삶의 출발이다.

●乙木은 辰에서 양이니 뱃속에서 자라는 시기이다. 양간인 甲木이 은퇴하니 그 자리를 메울 乙木이 뱃속에서 자라기 시작한다. 辰戌丑未

는 변화가 일어나는 때이므로 미리 준비하면 좋다.

● 丙火는 辰에서 관대이다. 관대는 모든 준비를 마치고 독립하는 때이다. 이제 막 취업하고 입학이나 입대와 같이 새로운 환경으로 들어가는 변화의 시기이다. 새 환경에 적응하는 고충이 따르므로 주변에서는 용기를 주며 격려한다.

● 丁火는 辰에서 묘이다. 양간인 丙火가 관대일 때 음간인 丁火는 묘가 된다. 묘에서는 일을 줄이고 휴식과 안정을 취하며 충전하면 좋다.

● 戊土는 辰에서 丙火처럼 관대이다. 관대의 시기에는 새로운 환경에서 새로운 출발을 한다. 의욕은 넘치지만 새로운 환경은 힘들다. 힘들어도 참고 견디는 적극적인 자세가 필요하다.

● 己土는 辰에서 묘이다. 보통 쇠에서 은퇴하고 병사(病死)를 거쳐 묘에 이른다. 은퇴 후에는 일을 줄이면 좋다. 출근할 때가 있으면 퇴근할 때도 있어야 한다. 己土는 외형이 화려하지는 않다.

● 庚金은 辰에서 양이다. 양은 잉태한 후 뱃속에서 자라는 시기이다. 앞으로 어떤 일이 일어날지도 모르는 막막한 상태다. 아직 결정된 것은 없다. 누군가의 지도를 받아야 한다.

● 辛金은 辰에서 쇠이다. 쇠는 현업에서 물러나 막 은퇴한 때이다. 은퇴한 후에는 과거는 잊고 제2의 삶을 준비하면 좋다. 변화를 두려워해서는 안 된다. 현실을 직시해야 한다.

● 壬水는 辰에서 묘이다. 묘지에 들어가면 일을 할 수 없다. 물론 비유적인 표현이다. 바쁘게 사는 것보다는 느긋하게 여유를 부리며 살아가면 좋다. 몸이 움직일 수 없을 때는 정신이 발달한다.

● 癸水는 辰에서 관대이다. 관대는 입학, 입대, 취직처럼 새로운 환경으로 들어가는 시기이다. 새 출발은 쉬운 일만은 아니다. 새로운 환경에 적응하기는 쉽지 않다. 먼저 들어온 선배나 윗사람에게서 잘 배우며 적응하도록 해야 한다.

_巳에서 각 천간의 12운성

	甲	乙	丙	丁	戊	己	庚	辛	壬	癸
巳	병 (病)	장생 (長生)	건록 (建祿)	절 (絕)	건록 (建祿)	절 (絕)	장생 (長生)	병 (病)	절 (絕)	건록 (建祿)

● 甲木은 巳에서 병이다. 병의 시기에는 활동을 줄여가야 한다. 병보다는 사, 사보다는 묘에서 더 그렇다. 양간이 힘을 잃으면 음간이 힘을 얻게 된다. 12운성 용어는 자연의 변화를 인생에 비유한 것이다. 용어에 집착하면 안 된다.

● 乙木은 巳에서 장생이다. 음간이 힘을 얻기 시작하면 밖에서 안으로 들어가게 된다. 안으로 들어가면 보이지 않는다. 보이지 않는다고 없는 것이 아니다. 보이지 않는 음을 잘 알아야 한다.

●丙火는 巳에서 건록이다. 양간인 丙火가 힘차게 활동하니 만물이 밖으로 더 확산 더 상승한다. 여름철에 록왕쇠로 왕성하게 활동하는 것은 丁火가 아닌 丙火다.

●丁火는 巳에서 절이다. 절의 시기에는 단절되어 보이지 않는다. 巳火는 밝은 곳이다. 巳에서 절이니 밝고 사람들이 많은 곳에서 조용히 지내면 좋다.

●戊土는 丙火처럼 巳에서 건록이다. 록왕쇠에서는 할 일이 많아져서 바쁘다. 반대로 己土는 巳에서 절이다. 그래서 같은 오행이라도 戊土와 己土는 큰 차이가 있다. 戊土는 확산 상승 운동을 응축 하강 운동으로 바꾸고, 己土는 응축 하강 운동을 확산 상승 운동으로 바꾼다.

●庚金은 巳에서 장생이다. 이제 막 태어난 것과 같으니 무리한 욕심은 금물이다. 양·장생·목욕에서는 독립은 안 된다. 배울 때는 전문가를 찾아야 한다.

●辛金은 巳에서 병이다. 병사묘는 퇴근하는 시기와 같으니 하는 일을 마무리해야 한다. 퇴근할 때가 오면 일을 시작하거나 키우면 안 된다. 때를 잘 지켜야 한다.

●壬水는 巳에서 절이다. 절은 단절된 시기이다. 보이지 않는 곳에서 충전 휴식하면 좋다. 드러나게 활동하면 좋지 않다. 종교, 철학, 천문, 우주 등에 관심이 많다.

●癸水는 巳에서 건록이다. 癸水는 巳에서 더 확산 더 상승 운동이 활발하게 일어난다. 여름철에 록왕쇠로 왕성하게 활동하는 水운동은 癸水이다. 음간이므로 보이지 않을 뿐이다.

_午에서 각 천간의 12운성

	甲	乙	丙	丁	戊	己	庚	辛	壬	癸
午	사(死)	목욕(沐浴)	제왕(帝旺)	태(胎)	제왕(帝旺)	태(胎)	목욕(沐浴)	사(死)	태(胎)	제왕(帝旺)

●甲木은 午에서 사이다. 甲木은 巳에서 병, 午에서 사다. 사는 퇴근하는 시기와 같다. 일을 늘리면 안 된다. 사의 반대편에는 목욕이 있다.
●乙木은 午에서 목욕이다. 양간인 甲木이 午에서 사가 되니 음간인 乙木은 목욕이다. 성장하는 청소년과 같이 배우고 익히는 시기이다.

●丙火는 午에서 제왕이다. 丙火의 속성인 더 확산 더 상승이 가장 왕성할 때이다. 여름철에 록왕쇠로 왕성하게 활동하는 것은 丁火가 아닌 丙火다.
●丁火는 午에서 태이다. 午에서 일음(一陰)이 시작되고, 子에서 일양(一陽)이 시작된다. 午에서 잉태한 丁火는 이제 양·장생 등으로 힘을 얻어간다. 음간이 힘을 얻어가면 안으로 더 깊이 들어간다. 외부에서는 보이지 않는다.

●戊土는 午에서 제왕이다. 戊土는 더 확산 더 상승 운동을 하는 丙火의 속도를 줄여 멈추게 한 후 응축 하강하는 속성을 가진 庚金을 돕는다. 정상에 이르면 자만하지 않아야 한다. 이제 내려갈 일만 남았다. 더 올라갈 곳은 없다.

●己土는 丁火처럼 午에서 태이다. 태는 잉태한 시기이다. 바닥을 쳤다고 볼 수 있다. 절태양은 휴식과 충전의 시기이다. 절태양에서 충전하여 생욕대에서 출근한다.

●庚金은 午에서 목욕이다. 목욕은 배우고 익히는 단계이다. 독립은 아직 이르다. 누구에게 배우느냐도 중요하다. 가진 능력을 발휘하도록 이끌어 줄 훌륭한 지도자를 만나면 좋다.

●辛金은 午에서 사이다. 목욕의 반대편이 사다. 음간이 쇠·병·사·묘이면 양간은 양·생·욕·대가 된다. 쇠보다는 병, 병보다는 사가 시간적 여유가 더 많다.

●壬水는 午에서 태이다. 태에 도달하면 바닥을 친다. 바닥을 치면 오를 일만 남았다. 태에서는 실망하지 말고 기다려야 한다. 태의 반대편에는 제왕이 있다.

●癸水는 午에서 제왕이니 더 확산 더 상승 운동이 활발하다. 여름철 습도가 높고, 나뭇잎이 마르지 않는 것은 癸水 때문이다. 보이지 않는 음을 잘 알아야 고수가 된다.

_未에서 각 천간의 12운성

	甲	乙	丙	丁	戊	己	庚	辛	壬	癸
未	묘 (墓)	관대 (冠帶)	쇠 (衰)	양 (養)	쇠 (衰)	양 (養)	관대 (冠帶)	묘 (墓)	양 (養)	쇠 (衰)

●甲木은 未에서 묘이다. 묘는 지친 몸을 쉴 때다. 일만 할 수는 없다. 휴식도 필요하다. 묘의 반대편에는 관대가 있다.

●乙木은 未에서 관대이다. 관대는 이제 독립해도 좋을 시기이다. 장생·목욕에서 교육을 받고 관대에서 독립한다. 개업, 입학, 취직, 입대 등 새로운 환경으로 들어가는 시기가 관대이다.

●丙火는 未에서 쇠이다. 쇠는 정상에서 물러나 은퇴한 시기이다. 현실에서 더 확산 더 상승은 없다. 천간은 항상 지지 현실을 따라야 한다.

●丁火는 未에서 양이다. 더 응축 더 하강 운동을 하는 丁火가 힘을 얻으면 안으로 들어가면서 더 응축 더 하강 운동을 한다. 응축 하강하면 겉은 작아지며 속은 단단해진다.

●戊土는 未에서 丙火처럼 쇠이다. 戊土가 은퇴하는 시기이다. 이제 戊土는 하는 일을 정리하고 庚金에게 바톤을 넘기고 물러나야 한다. 때를 지켜야 탈이 없다.

●己土는 未에서 양이다. 己土는 더 응축 더 하강 운동을 하는 丁火를 멈추게 하고 확산 상승하는 辛金을 돕는다. 양에서는 힘이 아직은 약

하니 누군가에게 의존해서 살아가야 한다. 독자적인 독립은 불가하다.

●庚金은 未에서 관대이다. 관대는 모든 준비를 끝내고 새 출발을 하는 시기이다. 입학, 입대, 취직 등이 모두 관대의 모습이다. 새로운 세계에는 새로운 어려움이 따른다. 庚金은 이제 응축 하강하는 일을 본격적으로 할 수 있다. 일에는 순서가 있으니 서두르면 안 된다.

●辛金은 未에서 묘이다. 庚金은 이때 관대이다. 음간이 힘을 잃으면 양간이 힘을 얻는 것이 자연의 이치이다. 낮과 밤이 동시에 올 수는 없다. 辛金은 未에서 퇴근하는 것처럼 일을 마무리하면 좋다.

●壬水는 未에서 양이다. 壬水는 더 응축 더 하강하는 속성을 가지고 있다. 양은 뱃속의 아이와 같다. 아직 어리니 윗사람의 도움이 절실히 필요하다. 미래가 불확실하다.

●癸水는 未에서 쇠이다. 쇠는 은퇴, 퇴직하는 때이다. 壬水에게 배턴을 넘기고 물러날 시기이다. 癸水의 속성인 더 확산 더 상승은 없다. 욕심을 버리고 변화에 대비해야 한다.

_申에서 각 천간의 12운성

	甲	乙	丙	丁	戊	己	庚	辛	壬	癸
申	절(絶)	건록(建祿)	병(病)	장생(長生)	병(病)	장생(長生)	건록(建祿)	절(絶)	장생(長生)	병(病)

● 甲木은 申에서 절이다. 절은 단절되었다는 의미이다. 보이지 않는 조용한 곳에서 생활하면 좋다. 섬이나 산속 아니면 해외도 좋다. 변두리나 뒷골목도 좋다.

● 乙木은 申에서 건록이다. 음간인 乙木이 왕성하게 활동하는 때이니 안으로 깊이 들어가서 보이지 않는다. 甲木과 乙木은 음양 관계로 반대로 운동한다. 팔자의 기준을 오행에 두면 안 된다.

● 丙火는 申에서 병이다. 병에서는 일을 점차 줄여가면 좋다. 산의 정상에 올라갔으면 내려와야 한다. 일을 마무리하는 시기가 쇠·병·사·묘·절이다. 한자 자체에 집착하지 말아야 한다.

● 丁火는 申에서 장생이다. 천간 속성을 잘 알아야 한다. 丁火가 강해지면 안으로 들어가며 작고 단단해진다. 화려하지는 않아도 실속이 있다.

● 戊土는 申에서 丙火처럼 병이다. 병은 쇠보다는 더 일을 줄여야 한다. 사주에 쇠·병·사·묘가 강하면 일을 느긋하게 한다. 일이 많은 사람도 있고 적은 사람도 있다.

● 己土는 丁火처럼 申에서 장생이다. 장생은 막 태어난 아이와 같으니 독립은 불가하다. 월급생활을 하면 좋다. 조직의 장(長)이나 독립은 불가하다. 조직이 작으면 가능하다.

● 庚金은 申에서 건록이다. 건록에서는 할 일이 많아진다. 인기가 있

어서 찾는 사람들이 많다. 가을철에 록왕쇠로 왕성하게 활동하는 것은 辛金이 아닌 庚金이다.

●辛金은 申에서 절이다. 申에서는 양간인 庚金이 건록이니 음간인 辛金은 절이다. 양이 활동할 때는 음이 쉬고, 음이 활동할 때는 양이 쉰다. 자연의 법칙이다.

●壬水는 申에서 장생이다. 壬水는 더 응축 더 하강하는 속성을 가지고 있다. 장생은 태어나 출생신고를 한 시기이다. 壬水가 생욕대로 힘을 얻어가면 점점 응축 하강하게 된다.

●癸水는 申에서 병이다. 제왕 이후에 병사묘에서는 점차 일을 줄여가야 한다. 병사묘에서 일을 늘려가는 것은 자연의 법을 역행하는 것이다.

_酉에서 각 천간의 12운성

	甲	乙	丙	丁	戊	己	庚	辛	壬	癸
酉	태 (胎)	제왕 (帝旺)	사 (死)	목욕 (沐浴)	사 (死)	목욕 (沐浴)	제왕 (帝旺)	태 (胎)	목욕 (沐浴)	사 (死)

●甲木은 酉에서 태이다. 태에서는 바닥을 치고 다시 상승한다. 자연의 법은 순환 반복이다. 영원한 하강이나 영원한 상승은 없다. 태의 반대편에는 제왕이 있다.

●乙木은 酉에서 제왕이다. 가을철에 록왕쇠로 왕성하게 활동하는 木운동은 乙木이다. 음간이므로 보이지 않을 뿐이다. 보이지 않는 음을 잘 읽도록 해야 한다.

●丙火는 酉에서 사이다. 천간의 속성은 변하지 않는다. 지지에 따라 환경만 변할 뿐이다. 천간은 지지 현실을 따라야 한다. 병사묘는 일을 마치고 퇴근하는 시기이다.

●丁火는 酉에서 목욕이다. 丁火가 힘을 얻으면 안으로 들어가며 더 응축 더 하강하게 된다. 목욕은 힘이 상당히 강해진 시기지만 아직 독립은 안 된다.

●戊土는 酉에서 丙火처럼 사이다. 酉金은 응축 하강 운동이 심해지는 시기이다. 확산 상승하는 일은 안 된다. 쇠·병·사·묘에서는 퇴근하는 시기와 같다. 천간들은 하는 일을 마무리해야 한다.

●己土는 丁火처럼 酉에서 목욕이다. 己土는 더 응축 더 하강 운동을 하는 丁火를 멈추게 하고 확산 상승하는 辛金을 돕는다. 생욕대는 출근하는 시기이다. 점차 일이 많아지게 된다. 서두르면 안 된다.

●庚金은 酉에서 제왕이다. 제왕에 이르면 가장 왕성한 활동을 한다. 庚金의 속성은 응축 하강이다. 가을철에 록왕쇠로 왕성하게 활동하는 것은 辛金이 아닌 庚金이다.

●辛金은 酉에서 태이다. 태는 바닥을 치는 시기이다. 힘들어도 참아

야 한다. 辛金의 속성은 확산 상승이다. 辛金은 酉에서 庚金에게 배턴을 이어받아 이제 확산 상승하는 활동을 시작한다.

●壬水는 酉에서 목욕이다. 壬水는 더 응축 더 하강하는 속성을 가지고 있다. 壬水가 힘을 얻을수록 외형은 줄어들고 낮아진다. 목욕은 점차 힘을 얻어가는 시기이다.

●癸水는 酉에서 사이다. 더 확산 더 상승 운동을 하는 癸水가 물러나는 시기이다. 壬水는 酉에서 목욕이다. 양간이 힘을 얻기 시작하면 음간은 물러나야 한다.

_戌에서 각 천간의 12운성

	甲	乙	丙	丁	戊	己	庚	辛	壬	癸
戌	양 (養)	쇠 (衰)	묘 (墓)	관대 (冠帶)	묘 (墓)	관대 (冠帶)	쇠 (衰)	양 (養)	관대 (冠帶)	묘 (墓)

●甲木은 戌에서 양이다. 酉에서 잉태된 甲木은 戌에서 뱃속에 있다. 양의 시기에는 윗사람의 보호를 철저히 받아야 한다. 혼자 독립은 불가하다. 양의 반대편에는 쇠가 있다.

●乙木은 戌에서 쇠이다. 음간이 쇠이면 양간은 양이다. 쇠는 은퇴한 시기이고, 양은 세상으로 나오는 시기이다. 변화에 대비해야 한다. 辰戌丑未에서는 변화가 일어난다.

●丙火는 戌에서 묘이다. 丙火는 더 확산 더 상승 운동을 한다. 묘에서 丙火는 힘을 잃는다. 戌土가 응축 하강 운동이 심해지는 시기이기 때문이다. 천간은 반드시 지지 현실을 따라야 한다.

●丁火는 戌에서 관대이다. 음간은 힘을 받을수록 안으로 들어간다. 안으로 들어가면 보이지 않는다. 보이지 않는 음간을 무시한 것이 오행이다. 오행은 눈에 보이는 양간만 표시한 것이다.

●戊土는 더 확산 더 상승 운동을 하는 丙火의 속도를 줄여 멈추게 한 후 응축 하강하는 속성을 가진 庚金을 돕는다. 戊土는 戌에서 火土동법으로 묘다. 묘는 묘지에 있는 것과 같아서 손발보다는 두뇌를 쓰면 좋다. 戌에서 확산 상승하는 일은 안 된다.

●己土의 12운성은 丁火와 같다. 戌에서 관대이다. 丁火가 촛불이라면 己土는 초다. 丁火가 난로의 불이라면 己土는 난로다. 관대는 입대, 입학, 취직 등 새로운 환경으로 들어오며 변화가 일어나는 시기이다.

●庚金은 戌에서 쇠이다. 쇠는 정상에서 물러난 때이다. 제왕일 때 가장 바쁘다. 쇠에서부터 일이 줄어든다. 쇠·병·사·묘로 갈수록 일을 줄여야 한다.

●辛金은 戌에서 양이다. 양은 바닥을 치고 상승하는 시기이다. 아직 어리므로 보호를 받아야 한다. 서두르면 안 된다. 辛金은 확산 상승 운동을 한다.

●壬水는 戌에서 관대이다. 관대는 모든 준비를 마치고 새 출발을 하는 시기이다. 입학, 입대, 취직 등이 모두 관대의 모습이다. 새로운 세계에는 새로운 어려움이 따른다.

●癸水는 戌에서 묘이다. 癸水와 丙火와 戊土는 더 확산 더 상승 운동을 한다. 戊土는 가을에서 겨울로 가는 시기이다. 응축 하강 운동이 심해진다. 癸水는 할 일이 없어지므로 쉬면서 충전을 하면 좋다.

_亥에서 각 천간의 12운성

	甲	乙	丙	丁	戊	己	庚	辛	壬	癸
亥	장생 (長生)	병 (病)	절 (絕)	건록 (建祿)	절 (絕)	건록 (建祿)	병 (病)	장생 (長生)	건록 (建祿)	절 (絕)

●甲木은 亥에서 장생이다. 장생은 세상에 태어나서 출생신고를 한 것과 같다. 아직은 어리니 누군가의 돌봄을 받아야 한다. 독립은 시기상조이다. 장생의 반대편에는 병이 있다.

●乙木은 亥에서 병이다. 乙木은 응축 하강 운동을 한다. 亥子丑에서 乙木은 병사묘이다. 병사묘는 퇴근과 같으니 일을 마무리해야 한다. 나아갈 때와 물러날 때를 잘 알아야 탈이 없다.

●丙火는 亥에서 절이다. 절은 단절의 시기이다. 亥水는 더 응축 더 하강 운동을 하는 시기이니 丙火의 더 확산 더 상승 운동을 하는 역할을

할 수가 없다. 丙火도 쉴 때가 있어야 한다. 지지가 천간보다 우선이다.

● 丁火는 亥에서 건록이다. 건록은 활발하게 활동하는 시기이다. 丁火가 록왕쇠로 힘이 강할 때는 더 응축 더 하강하므로 외형은 작고 단단해진다. 외형보다는 실속을 추구해야 한다.

● 戊土는 丙火처럼 亥에서 절이다. 절의 시기에 드러내고 활동하면 문제가 생긴다. 하는 일을 그대로 하면서 조용히 지내야 한다. 잠을 자는 시기이다.

● 己土는 丁火처럼 亥에서 건록이다. 亥子丑은 밤이나 겨울과 같으니 더 응축 더 하강 운동이 일어나는 시기이다. 己土는 더 응축 더 하강 운동을 하는 丁火를 멈추게 하고 확산 상승하는 辛金을 돕는다. 록왕쇠에서 가장 일이 많다. 몹시 바쁘다.

● 庚金은 亥에서 병이다. 병사묘는 퇴근하는 시기와 같다. 일을 줄이고 마무리해야 한다. 병사묘에서는 일을 시작하거나 확장하면 안 된다. 각 시기에 지킬 것을 지키면 문제가 생기지 않는다.

● 辛金은 亥에서 장생이다. 辛金은 확산 상승 운동을 한다. 장생의 시기는 일을 시작하는 시기이다. 장생에서는 이제 배우고 익혀야 한다. 기왕이면 그 분야에 훌륭한 지도자를 찾아서 배우면 좋다.

● 壬水는 亥에서 건록이다. 壬水의 속성은 더 응축 더 하강이다. 록왕쇠가 되면 하는 일이 많아진다. 겨울철에 록왕쇠로 왕성하게 활동

하는 것은 癸水가 아닌 壬水이다.

● 癸水는 亥에서 절이다. 절은 단절되었다는 의미이다. 癸水는 더 확산 더 상승 운동을 하고, 亥에서는 더 응축 더 하강 운동이 일어나니 癸水는 할 일이 없다. 조용히 휴식하며 충전해야 한다.

_子에서 각 천간의 12운성

	甲	乙	丙	丁	戊	己	庚	辛	壬	癸
子	목욕 (沐浴)	사 (死)	태 (胎)	제왕 (帝旺)	태 (胎)	제왕 (帝旺)	사 (死)	목욕 (沐浴)	제왕 (帝旺)	태 (胎)

● 甲木은 子에서 목욕이다. 甲木은 안에서 밖으로 나오며 확산 상승 운동을 한다. 목욕은 배우고 익히는 시기이다. 누구에게 배우는지도 중요하다. 가르치는 사람의 그릇에 따라 내 그릇도 정해진다.

● 乙木은 子에서 사이다. 병사묘는 은퇴 후 일을 마무리하는 때이다. 이 시기에 일을 시작 또는 확대하면 안 된다. 자연의 법에 맞추어 지킬 것을 지키면 문제가 생기지 않는다. 순천자(順天者)가 되어야 한다.

● 丙火는 子에서 태이다. 태는 바닥을 치는 시기이다. 힘들어도 참고 견뎌야 한다. 절망하거나 좌절하면 안 된다. 밤이 깊으면 새벽이 온다. 천간은 지지의 지배를 받는다. 꿈만으로 살 수는 없다.

● 丁火는 子에서 제왕이다. 丁火는 더 응축 더 하강하는 속성을 가지

고 있다. 음간이 록왕쇠가 되면 깊이 들어가서 보이지 않는다. 丁火는 춥고 어두운 음지에서 열심히 일한다. 봉사의 의미가 강하다.

●戊土는 丙火와 12운성을 같이 쓴다. 戊土는 더 확산 더 상승 운동을 하는 丙火의 속도를 줄여 멈추게 한 후 응축 하강하는 속성을 가진 庚金을 돕는다. 戊土는 子에서 태이다. 절태양은 잠을 자는 시기이다. 충전을 위해 휴식을 취한다.

●己土는 子에서 제왕이다. 己土는 더 응축 더 하강 운동을 하는 丁火를 멈추게 하고 확산 상승하는 辛金을 돕는다. 외형보다는 내실을 추구한다. 사회의 음지에서 일하는 것은 己土와 丁火이다. 작고 낮다고 무시하면 안 된다.

●庚金은 子에서 사이다. 병사묘는 퇴근하는 시기이다. 가을에 활동했던 庚金은 겨울에는 일을 마무리한다. 마무리할 때 새로 시작하거나 확장하면 안 된다. 때에 따라 해야 할 일을 하면 탈이 없다.

●辛金은 子에서 목욕이다. 辛金의 속성은 확산 상승이다. 목욕은 독립하기 위해 성장 발전할 때이다. 음간이므로 실내로 들어가는 일이 적합하다. 글자의 속성과 운의 흐름을 지켜야 한다.

●壬水는 子에서 제왕이다. 甲木은 卯에서, 丙火(戊土)는 午에서, 庚金은 酉에서 제왕이다. 겨울철에 록왕쇠로 왕성하게 활동하는 것은 癸水가 아닌 壬水이다. 양인(陽刃)이다.

●癸水는 子에서 태이다. 절태양은 휴식하며 충전하는 시기이다. 잠은 보이지 않는 조용한 곳에서 자야 한다. 사람이 적은 시골이나 변두리, 뒷골목, 해외 등에서 일하면 좋다.

_丑에서 각 천간의 12운성

	甲	乙	丙	丁	戊	己	庚	辛	壬	癸
丑	관대 (冠帶)	묘 (墓)	양 (養)	쇠 (衰)	양 (養)	쇠 (衰)	묘 (墓)	관대 (冠帶)	쇠 (衰)	양 (養)

●甲木은 丑에서 관대이다. 관대는 교육을 마치고 독립하여 세상으로 나가는 시기이다. 새 옷을 입고 새로운 출발을 할 때다. 관대의 반대편에는 묘가 있다.

●乙木은 丑에서 묘이다. 乙木은 부드럽고 유연하다. 천간의 속성은 언제나 변하지 않는다. 묘에서 일을 바쁘게 많이 하면 무리가 따른다. 음간들은 밖에서 안으로 들어오는 일을 한다.

●丙火는 丑에서 양이다. 양은 잉태 후 이제 뱃속에서 성장하는 시기이다. 독립은 불가하니 윗사람의 지시를 받으며 살아가면 된다. 丙火의 더 확산 더 상승 운동이 점점 활발해지는 시기이다.

●丁火는 丑에서 쇠이다. 쇠는 은퇴한 시기로 정상에서 막 물러났으니 일상이 편안한 상태이다. 고문, 자문, 원로 등으로 아직은 힘이 남

아 있다.

●戊土는 丑에서 丙火처럼 양이다. 양의 시기에는 모든 것이 불확실하다. 정해진 것은 없다. 이 시기에 독자적인 활동은 안 된다. 남의 밑에서 지도를 받으며 일하면 좋다. 월급생활도 좋다.

●己土는 丑에서 丁火처럼 쇠이다. 亥子에서 록왕(祿旺)으로 활동했던 丁火와 己土는 이제 은퇴한다. 己土는 더 응축 더 하강 운동을 하는 丁火를 멈추게 하고 확산 상승하는 辛金을 돕는다. 천간의 속성은 반드시 지켜야 한다.

●庚金은 丑에서 묘이다. 묘에서는 바쁘게 일하려고 해서는 안 된다. 생욕대에서 일을 늘려가고, 병사묘에서 일을 줄여가야 한다. 천간의 속성은 지켜야 한다.

●辛金은 丑에서 관대이다. 관대·건록·제왕이 되면 해당 천간의 속성이 강하게 드러난다. 辛金은 실내로 들어가면서 확산 상승 운동을 한다.

●壬水는 丑에서 쇠이다. 쇠는 정상에서 막 물러난 때다. 힘든 일에서 해방되는 편안함도 있고 물러나는 쓸쓸함도 있다. 자연의 변화는 어쩔 수 없다. 자연의 변화에 따라야 한다.

●癸水는 丑에서 양이다. 양은 뱃속에 있는 아이와 같아서 아직 정해진 것은 없다. 기도하며 기다려야 한다. 독립은 안 되고 윗사람의 많은

도움을 받아야 한다. 직책은 낮다.

時	日	月	年
○	甲	辛	○
○	○	○	○

●申酉戌이 오면 일간과 정관 辛金은 절태양이다.

●절태양은 잠을 자듯이 조용히 지내면 좋다.

●새로운 일을 하거나 확장 등 드러나는 일을 하면 안 좋다.

時	日	月	年
○	乙	庚	○
○	○	○	○

●일간과 월간 庚金 정관은 寅卯辰에서 절태양이다.

●절태양은 일상의 일을 하면서 조용히 살면 좋다.

●드러나서 활동하면 안 된다.

時	日	月	年
◯	丙	癸	◯
◯	◯	◯	◯

- 일간과 월간 癸水 정관은 亥子丑에서 절태양이다.

- 절태양은 보이지 않는 곳에서 조용히 생활하면 좋다.

- 지방이나 지점 등이다.

時	日	月	年
◯	丁	壬	◯
◯	◯	◯	◯

- 일간 丁火와 정관 壬水는 巳午未에서 절태양이다.

- 같은 천간이라도 지지에 따라 상황이 달라진다.

- 지지는 시간과 공간을 나타낸다.

- 시간과 공간에 따라 생각이 변한다.

時	日	月	年
◯	戊	乙	◯
◯	◯	◯	◯

- 월간 乙木은 정관이다.

- 정관 乙木은 寅卯辰에서 절태양이다.

- 일간 戊土는 寅卯辰에서 생욕대가 된다.

- 상담할 때는 물어보는 질문에 초점을 맞추면 된다.

●쓸데없이 묻지도 않는 말을 해서는 안 된다.

●월간 甲木은 정관이다.

●申酉戌에서 甲木 정관은 절태양이다.

●이때 일간 己土는 생욕대가 된다.

●일간과 정관과는 아무 관계가 없다.

●정관을 물어보면 甲木의 상황만 답한다.

●월간 丁火는 정관이다.

●巳午未 운에는 정관은 절태양이다.

●일간 庚金은 巳午未에서 생욕대가 된다.

●정관을 물어보면 丁火의 상황만 답한다.

●쓸데없이 일간의 강약을 따져서는 안 된다.

時	日	月	年
○	辛	丙	○
○	○	○	○

- 월간 丙火 정관은 亥子丑이 오면 절태양이다.
- 일간 辛金은 亥子丑에서 생욕대이다.
- 글자의 속성 그대로 살아가면 탈이 없다.
- 하늘이 준 글자의 속성을 어길 때 탈이 난다.

時	日	月	年
○	壬	己	○
○	○	○	○

- 월간 己土 정관은 巳午未가 오면 절태양이다.
- 일간 壬水도 巳午未에서 절태양이다.
- 절태양에서는 한가하게 충전하면 좋다.
- 휴식, 휴가, 여행도 소중한 시간이다.

時	日	月	年
○	癸	戊	○
○	○	○	○

- 월간 戊土 정관과 일간 癸水는 亥子丑에서 절태양이다.
- 절태양의 시기에는 느긋하게 일하면 좋다.
- 바쁘다고 무조건 좋은 것이 아니다.

"짚신도 제 짝이 있다."라는 말이 있다. 지구상의 모든 생물은 태어날 때 자기에게 맞는 짝이 정해진다. 구두의 짝은 구두여야 하고, 운동화의 짝은 운동화여야 한다. 사람도 태어날 때 자기에게 맞는 짝이 정해진다. 구두와 구두, 운동화와 운동화의 짝은 오래간다. 그러나 구두와 운동화, 운동화와 등산화의 짝은 오래가지 못한다. 짝은 나의 현실이니 현실을 나타내는 지지를 본다. 지지를 궁(宮)이라고 한다. 연지부터 조상궁, 부모형제궁, 배우자궁, 자식궁이다.

시지(時支)	일지(日支)	월지(月支)	연지(年支)
자식궁	배우자궁	부모 형제궁	조상궁

조상이나 부모, 형제 그리고 자식은 내가 선택할 수 없다. 나와 그들이 맞지 않으면 내가 떨어져 나가야 한다. 떨어져 나가지 않으려면 부딪치면서 참고 살 수밖에 없다.

잘 맞는 짝을 찾았다고 하더라도 봄·여름·가을·겨울 운이 바뀜에 따라 나와 상대방이 변한다. 상대가 변했다고 하지만 실은 나도 변했다. 그래서 운의 흐름에 따라 파도타기를 하는데 파도타기가 쉬운 일은 아니다.

태어날 때 주어진 너와 나의 색안경이 다르니 서로 세상을 보는 눈이 다르다고 인식하고 서로 양보하고 타협해야 한다.

주변 사람이나 환경은 팔자보다 큰 영향을 끼친다. 특정 지역은 진보가 강하고 특정 지역은 보수가 강하다. 강한 외부의 힘에는 사주팔자는 속수무책이다. 내가 속한 환경이나 내 주변에 있는 사람들이 사주팔자보다 더 강한 영향력을 행사한다. 사주팔자 탓이 아니다.

폭력적인 사주가 따로 있고 살인자의 사주가 따로 있는 것이 아니다. 누구나 참기 힘든 상황을 만나면 우발적인 행동을 할 수 있다. 팔자와 관계없다. 모든 일을 팔자 탓으로 돌리지 말자. 부모나 자식을 괴롭히면 이성적으로 참고 있을 사람은 별로 없다.

천상천하유아독존(天上天下唯我獨尊). 우주에서 가장 중요한 사람은 나[我]다. 내가 있으니 가족이 있고 내가 있으니 모든 것이 존재한다. 내가 없으면 아무것도 의미가 없다. 좋은 것들은 내가 먼저 먹어야 한다. 좋은 곳은 내가 먼저 가봐야 한다. 내가 건강해야 주변 모든 사람에게 피해를 덜 끼친다. 아이들에게도 그렇게 교육해야 한다. 아이들이 건강해야 부모도 걱정이 없다.

운이 왔다고 저절로 이루어지는 것은 아니다. 운이 왔을 때 더욱 노력해야 한다. 운이 오지 않으면 노력할 필요도 없다. 봄에 결실을 거두려고 하거나, 가을에 씨를 뿌리는 것은 헛수고가 될 가능성이 크다. 운이 오지 않았기 때문이다. 노력하면 꿈을 이룰 수 있다는 것은 거짓말이다. 운의 흐름을 보고 무슨 일을 해야 할지 선택해야 한다.

팔자는 팔자 주인공의 일에 한정된다. 팔자로 팔자 주인공 외에 다른 사람이나 사건 등의 일은 알 수 없다. 자녀나 부모, 주변 사람들의 팔자를 알고 싶으면 그들의 팔자를 봐야 한다. 궁합이나 동업 등 인간관계를 알고 싶을 때도 각자의 팔자를 봐야 한다. 처복이 있다고 아무 여자나 좋고, 남편복 있다고 어느 남자라도 다 좋단 말인가? 자식복이 있다고 자식들이 다 좋을 수는 없다.

60갑자(甲子)

...이론편...

60갑자

_ 甲子 갑자

甲木은 子에서 목욕이다. 甲木은 안에서 밖으로 나가며 확산 상승 운동을 한다. 子水는 더 응축 더 하강 운동이 왕성하게 일어나는 시기이다. 목욕은 중·고등학교 학생과 같아서 아직은 배우고 익히는 중이니 독립은 시기상조이다.

왕상휴수(旺相休囚)로는 생욕대가 상(相)이고, 록왕쇠가 왕(旺)이다. 병사묘는 휴(休)가 되고, 절태양은 수(囚)가 된다.

_ 乙丑 을축

乙木은 丑에서 묘이다. 乙木은 밖에서 안으로 들어가며 응축 하강 운동을 한다. 지지 丑土는 밤에서 아침으로, 겨울에서 봄으로 가는 시기이다. 묘는 느긋하게 일하면 좋다.

양간과 음간은 반대로 움직인다. 양이 활동하면 음은 휴식하고, 음이 활동하면 양이 휴식한다. 묘의 반대편에는 관대가 있다. 그래서 甲木은 丑에서 관대이다.

_丙寅 병인

丙火는 寅에서 장생이다. 丙火는 안에서 밖으로 나가며 더 확산 더 상승 운동을 한다. 지지 寅木은 확산 상승이 시작되는 시기이다. 장생은 새로 태어나 출생신고를 하는 시기와 같다. 서두르면 안 되고 누군가의 돌봄을 받으면 좋다. 같은 장생이라도 천간에 따라 다른 성향을 나타낸다.

丙火가 寅에서 장생이니 丁火는 寅에서 병이다. 장생(長生)과 병은 서로 반대편에 위치한다.

_丁卯 정묘

丁火는 卯에서 사이다. 丁火는 밖에서 안으로 들어가며 더 응축 더 하강하는 속성을 가지고 있다. 지지 卯木은 확산 상승이 본격적으로 일어나는 시기이다. 12운성 사는 일을 줄여가야 한다. 예를 들면 전성기의 운동선수보다는 코치나 감독이 좋다.

丙火가 활동하면 더 확산 더 상승이 일어나고 丁火가 활동하면 더 응축 더 하강 운동이 일어난다. 음양(陰陽)의 차이이다.

_戊辰 무진

戊土는 辰에서 관대이다. 戊土는 더 확산 더 상승 운동을 하는 丙火의 속도를 줄여 멈추게 한 후 응축 하강하는 속성을 가진 庚金을 돕는다. 辰土는 아침에서 낮으로, 봄에서 여름으로 가는 시기로 확산 상승 운동이 활발해진다. 관대는 새 옷을 입고 독립하는 시기이다. 독립이 쉬운 것만은 아니다.

戊辰과 丙辰은 똑같이 12운성 관대이다. 火土동법을 적용하기 때문이다. 천간은 오행 운동을 하고, 지지는 사계절 운동을 한다. 그래서 천간과 지지를 결합시킬 때는 火土동법을 쓴다.

_己巳 기사

己土는 巳에서 절이다. 己土는 더 응축 더 하강 운동을 하는 丁火를 멈추게 하고 확산 상승하는 辛金을 돕는다. 지지 巳火는 여름이 시작되는 시기로 더 확산 더 상승 운동이 본격적으로 일어난다. 절은 단절을 의미하니 드러나게 활동하면 안 된다. 시작이나 확장하는 일 등을 하지 말아야 한다.

火土동법으로 己土는 丁火처럼 午에서 태이다. 다음에 未에서 양, 申에서 장생, 酉에서 목욕으로 활동이 늘어난다. 己土는 丁火처럼 巳午未에는 절태양으로 조용히 충전하며 지내야 한다.

_庚午 경오

庚金은 午에서 목욕이다. 庚金은 안에서 밖으로 나가며 응축 하강 운동을 한다. 지지 午火는 여름이 절정으로 더 확산 더 상승 운동이 일어난다. 목욕은 태어나서 교육을 받으며 성장하는 때이다. 가장 아름다운 청소년기이다.

午火는 하루 중 정오로 더 확산 더 상승 운동이 일어나는 때이다. 午에서 일음(一陰)이 시작된다. 주역의 천풍구(☴)이다. 다섯 개의 양 밑에 하나의 음이 있다. 보이는 것만이 전부가 아니다.

_辛未 신미

辛金은 未에서 묘이다. 辛金은 밖에서 안으로 들어가며 확산 상승 운동을 한다. 지지 未土는 낮에서 저녁으로, 여름에서 가을로 바뀌는 시기로 확산 상승이 응축 하강 운동으로 바뀐다. 묘의 시기에는 한가하게 일해야 한다. 바쁜 일은 어울리지 않는다.

음간인 辛金은 양간 甲木과 12운성을 같이 쓴다. 辛金은 밖에서 안으로 들어가고, 甲木은 안에서 밖으로 나오며 활동한다. 음양(陰陽)이 균형을 이룰 때 활력과 생명력이 생긴다.

_壬申 임신

壬水는 申에서 장생이다. 壬水는 안에서 밖으로 나가며 더 응축 더 하강하는 속성을 가지고 있다. 지지 申金은 저녁이나 가을이 시작되는 시기로 응축 하강 운동이 일어난다. 장생은 새로 태어나 출생 신고를 한 시기와 같다. 서두르면 안 되고 누군가의 돌봄을 받으면 좋다. 장생의 반대편에는 병이 있다.

_癸酉 계유

癸水는 酉에서 사이다. 癸水는 밖에서 안으로 들어가며 더 확산 더 상승 운동을 한다. 지지 酉金은 응축 하강 운동이 본격화되는 시기이다.

12운성 사는 느긋하게 일하는 경향이 있다. 병보다는 사, 사보다는 묘가 더 그렇다. 양(陽)은 안에서 밖으로 나가는 운동을 하고, 음(陰)은 밖에서 안으로 들어오는 운동을 한다. 음양(陰陽)의 구분을 통해 밖에서 하는 일과 안에서 하는 일을 구분할 수 있다.

_甲戌 갑술

甲木은 戌에서 양이다. 甲木은 안에서 밖으로 나가며 확산 상승 운동을 한다. 지지 戌土는 저녁에서 밤으로 가고, 가을에서 겨울로 가며 응축 하강 운동이 더욱 강해지는 시기이다. 양은 잉태하여 뱃속의 아이와 같아서 누군가의 돌봄을 받아야 한다. 정해진 것은 없으니 기도하는 마음으로 살면 좋다.

음간인 辛金도 甲木처럼 戌에서 양이다. 가을철 申酉戌에서는 庚金이 활약한다. 양이 활동하면 음(陰)은 쉬고, 음이 활동하면 양(陽)은 쉰다.

_乙亥 을해

乙木은 亥에서 병이다. 乙木은 밖에서 안으로 들어가며 응축 하강 운동을 한다. 亥水는 밤이고 겨울의 시기로 더 응축 더 하강 운동이 일어난다. 병의 시기에는 느긋하게 여유를 부리며 일하면 좋다. 일이 많고 적은 것도 팔자 탓이다.

병의 반대편은 장생이다. 甲木은 亥에서 장생이다. 甲木이 출근하면 乙木은 퇴근하고, 乙木이 출근하면 甲木이 퇴근한다. 음양의 이치이다.

_丙子병자

丙火는 子에서 태이다. 丙火는 안에서 밖으로 나가며 더 확산 더 상승 운동을 한다. 子水는 더 응축 더 하강 운동이 왕성하게 일어나는 시기이다. 태는 잉태한 시기와 같으니 밖으로 드러나게 활동하면 안 된다. 바닥을 친 것과 같으니 희망을 가져야 한다.

丙火는 亥子丑에서 12운성 절태양이고, 丁火는 亥子丑에서 록왕쇠이다. 절태양은 한가하게 휴식하는 시기이고, 록왕쇠는 바쁘게 활동하는 시기이다.

_丁丑정축

丁火는 丑에서 쇠이다. 丁火는 밖에서 안으로 들어가며 더 응축 더 하강하는 속성을 가지고 있다. 지지 丑土는 밤에서 아침으로, 겨울에서 봄으로 가는 시기이다. 쇠는 은퇴한 시기로 새로운 두 번째 삶을 준비하고 시작해야 한다. 영원한 것은 없다.

명리는 자연을 생각하며 공부하면 이해하기 쉽다. 자연의 변화를 글자로 표시했기 때문이다. 천간과 지지의 글자를 보고 대자연의 변화를 읽어야 한다.

_戊寅 무인

戊土는 寅에서 장생이다. 戊土는 더 확산 더 상승 운동을 하는 丙火의 속도를 줄여 멈추게 한 후 응축 하강하는 속성을 가진 庚金을 돕는다. 지지 寅木은 확산 상승이 시작되는 시기이다. 같은 장생이라도 글자에 따라 모두 다른 현상이 나타나니 간지 중심의 공부가 우선이다. 장생은 막 태어난 시기와 같다. 아직은 어리니 누군가의 돌봄을 받아야 한다. 독립은 불가하다. 戊土와 丙火는 12운성을 같이 쓴다. 그래서 丙火도 寅에서 장생이다.

_己卯 기묘

己土는 卯에서 사이다. 己土는 더 응축 더 하강 운동을 하는 丁火를 멈추게 하고 확산 상승하는 辛金을 돕는다. 지지 卯木은 확산 상승이 본격적으로 일어나는 시기이다. 12운성 사는 느긋하게 여유를 부리며 일하면 좋다. 병사묘가 생욕대처럼 일하려고 하면 안 된다.

팔자는 열 개의 천간과 열두 개의 지지로 되어 있다. 천간 지지 공부가 우선이다. 오행으로 명리학을 공부하면 안 된다. 음양(陰陽)의 차이가 구분되지 않기 때문이다.

_庚辰 경진

庚金은 辰에서 양이다. 庚金은 안에서 밖으로 나가며 응축 하강 운동을 한다. 辰土는 아침에서 낮으로, 봄에서 여름으로 가는 시기로 확산 상승 운동이 활발해진다. 양은 잉태하여 뱃속에서 길러지는 시기이다. 정해진 것은 없으니 기도하는 마음으로 살면 좋다. 庚金은 乙木과 짝을 이루고 12운성을 같이 쓴다. 乙木도 辰에서 양이다.

_辛巳 신사

辛金은 巳에서 병이다. 辛金은 밖에서 안으로 들어가며 확산 상승 운동을 한다. 지지 巳火는 여름이 시작되는 시기로 더 확산 더 상승 운동이 본격적으로 일어난다. 병의 시기에는 천천히 여유를 부리면서 일하면 좋다. 느긋한 면에서 본다면 병보다는 사, 사보다는 절이 더 느긋하다.
辛金은 甲木과 12운성을 같이 쓴다. 양(陽)은 실외로 나가면서 활동을 하고, 음(陰)은 실내로 들어오면서 활동한다.

_壬午 임오

壬水는 午에서 태이다. 壬水는 안에서 밖으로 나가며 더 응축 더 하강하는 속성을 가지고 있다. 지지 午火는 여름이 절정으로 더 확산 더 상승 운동이 일어난다. 태는 잉태한 시기와 같으니 밖으로 드러나게 활동하면 안 된다. 바닥을 친 것과 같으니 희망을 가져야 한다.

壬水는 더 응축 더 하강 운동을 하는 水이고, 癸水는 더 확산 더 상승 운동을 하는 水이다. 壬水와 癸水를 모두 水라고 하면 안 된다.

_癸未계미

癸水는 未에서 쇠이다. 癸水는 밖에서 안으로 들어가며 더 확산 더 상승 운동을 한다. 지지 未土는 낮에서 저녁으로, 여름에서 가을로 바뀌는 시기로 확산 상승이 응축 하강 운동으로 바뀐다. 쇠는 은퇴한 시기로 새로운 두 번째 삶을 준비하고 시작해야 한다. 영원한 것은 없다. 과거는 잊어야 한다. 壬水는 양간이고 癸水는 음간이다. 시소의 양쪽이 동시에 올라가거나 동시에 내려갈 수 없듯이 음양(陰陽)도 동시에 올라가거나 내려갈 수 없다.

_甲申갑신

甲木은 申에서 절이다. 甲木은 안에서 밖으로 나가며 확산 상승 운동을 한다. 지지 申金은 저녁이나 가을이 시작되는 시기로 응축 하강 운동이 일어난다. 절은 단절을 의미하니 이 시기에는 보이지 않는 곳에서 충전하고 휴식하면 좋다.
甲木이 申에서 절이면 乙木은 申에서 건록이다.

_乙酉을유

乙木은 酉에서 제왕이다. 乙木은 밖에서 안으로 들어가며 응축 하강 운동을 한다. 지지 酉金은 응축 하강 운동이 본격화되는 시기이다. 제왕에 이르러 정상에 도달하면 더 올라갈 곳이 없으니 배턴을 넘기고 내려올 준비를 해야 한다. 음간과 양간은 반대로 운동한다. 乙木이 酉에서 제왕이듯이 丁火는 子에서 제왕이고, 辛金은 卯에서 제왕이고, 癸水는 午에서 제왕이다.

_丙戌 병술

丙火는 戌에서 묘이다. 丙火는 안에서 밖으로 나가며 더 확산 더 상승 운동을 한다. 지지 戌土는 저녁에서 밤으로 가고, 가을에서 겨울로 가며 응축 하강 운동이 더욱 강해지는 시기이다. 묘는 퇴근하는 것과 같으니 일을 시작하거나 늘리면 안 된다. 때에 맞춰서 할 일을 해야 탈이 없다. 丙火와 癸水는 짝을 이루어 戌에서 입묘한다. 火土동법에 의해 戊土도 戌에서 입묘한다.

_丁亥 정해

丁火는 亥에서 건록이다. 丁火는 밖에서 안으로 들어가며 더 응축 더 하강하는 속성을 가지고 있다. 亥水는 밤이고 겨울의 시기로 더 응축 더 하강 운동이 일어난다. 건록에는 인기가 있어서 엄청 바쁘고 할 일도 많다. 일이 많다고 무조건 좋은 것이 아니다. 적당한 것이 좋다. 丁火와 壬水는 손바닥과 손등처럼 하나의 짝이다.

亥水는 주역괘에서도 여섯 개의 효(爻)가 모두 음(陰)으로만 되어 있다. 중지곤(重地坤)이다. 반대편에 있는 巳火는 중천건(重天乾)으로 모든 효(爻)가 양(陽)으로 되어 있다.

_戊子무자

戊土는 子에서 태이다. 戊土는 더 확산 더 상승 운동을 하는 丙火의 속도를 줄여 멈추게 한 후 응축 하강하는 속성을 가진 庚金을 돕는다. 子水는 더 응축 더 하강 운동이 왕성하게 일어나는 시기이다. 태는 잉태한 시기와 같으니 밖으로 드러나게 활동하면 안 된다. 바닥을 친 것과 같으니 희망을 가져야 한다. 子水는 주역의 지뢰복(地雷復)이다. 다섯 개의 음 밑에서 일양(一陽)이 시작되는 때이다.

戊土는 子에서 태(胎), 丑에서 양(養), 그리고 寅에서 장생이 된다. 丙火도 마찬가지이다.

_己丑기축

己土는 丑에서 쇠이다. 己土는 더 응축 더 하강 운동을 하는 丁火를 멈추게 하고 확산 상승하는 辛金을 돕는다. 지지 丑土는 밤에서 아침으로, 겨울에서 봄으로 가는 시기이다. 쇠는 은퇴한 시기로 새로운 두 번째 삶을 준비하고 시작해야 한다. 영원한 것은 없다.

己土와 丁火는 亥에서 건록, 子에서 제왕, 丑에서 쇠이다.

_庚寅경인

庚金은 寅에서 절이다. 庚金은 안에서 밖으로 나가며 응축 하강 운동을 한다. 지지 寅木은 확산 상승이 시작되는 시기이다. 절은 단절을 의미하니 이 시기에는 보이지 않는 곳에서 충전하고 휴식하면 좋다. 하는 일을 그대로 하면 된다.

甲木은 申酉에서 절태(絶胎), 丙火는 亥子에서 절태(絶胎), 庚金은 寅卯에서 절태(絶胎), 壬水는 巳午에서 절태(絶胎)이다. 팔자 원국과 운의 흐름에 따라 갈 길이 따로 있으니 남의 눈치 보지 말고 살아야 한다.

_辛卯 신묘

辛金은 卯에서 제왕이다. 辛金은 밖에서 안으로 들어가며 확산 상승 운동을 한다. 지지 卯木은 확산 상승이 본격적으로 일어나는 시기이다. 제왕에 이르면 정상에 도달하여 더 올라갈 곳이 없으니 배턴을 넘기고 내려 올 준비를 해야 한다.

辛金은 卯에서 庚金에게 배턴을 넘긴다. 庚金은 辛金으로부터 배턴을 이어받아 밖으로 나가며 응축 하강 운동을 시작한다. 庚金과 辛金을 구분하지 못하고 오행으로 대충 金이라고 하면 안 된다.

_壬辰 임진

壬水는 辰에서 묘이다. 壬水는 안에서 밖으로 나가며 더 응축 더 하강하는 속성을 가지고 있다. 辰土는 아침에서 낮으로, 봄에서 여름으로 가는 시기로 확산 상승 운동이 활발해진다. 묘는 퇴근하는 것과 같으니 일을 시작하거나 늘리면 안 된다. 때를 지켜 활동하면 탈이 없다. 팔자와 운의 흐름에 따라 사는 모습이 모두 다르다. 나만의 삶을 살아가야 한다. 남과 비교하지 말아야 한다.

_癸巳 계사

癸水는 巳에서 건록이다. 癸水는 밖에서 안으로 들어가며 더 확산 더 상승 운동을 한다. 지지 巳火는 여름이 시작되는 시기로 더 확산 더 상승 운동이 본격적으로 일어난다. 건록에는 인기가 있어서 엄청 바쁘고 할 일도 많다. 일이 많다고 무조건 좋은 것이 아니다. 적당한 것이 좋다.

壬水와 癸水는 다르다. 음간인 癸水가 세력을 얻으면 안으로 들어가며 더 확산 더 상승하고, 반대로 양간인 壬水가 세력을 얻으면 밖으로 나가며 더 응축 더 하강한다. 음(陰)과 양(陽)은 동시에 상승하거나 하강할 수 없다.

_甲午 갑오

甲木은 午에서 사이다. 甲木은 안에서 밖으로 나가며 확산 상승 운동을 한다. 지지 午火는 여름이 절정으로 더 확산 더 상승 운동이 일어난다. 12운성 사에서는 바쁘게 일하면 안 된다. 여유를 부리며 활동하는 것이 좋다. 예를 들면 운동선수보다는 코치나 감독이 좋다. 甲木은 寅卯辰에서 록왕쇠이고, 申酉戌에서 절태양이다. 甲木은 巳午未에서 병사묘이고, 亥子丑에서는 생욕대이다.

_乙未 을미

乙木은 未에서 관대이다. 乙木은 밖에서 안으로 들어가며 응축 하강 운동을 한다. 지지 未土는 낮에서 저녁으로, 여름에서 가을로 바뛰는 시기로 확산 상승이 응축 하강 운동으로 바뀐다. 관대에서는 교육을 마치고 새로운 환경으로 들어가 점점 바빠지기 시작한다. 새로운 환경에 적응하는 일이 쉬운 것만은 아니다.

乙木은 寅卯辰에서 절태양이고, 申酉戌에서는 록왕쇠이다. 그리고 巳午未에서 생욕대이고, 亥子丑에서는 병사묘이다.

_丙申병신

丙火는 申에서 병이다. 丙火는 안에서 밖으로 나가며 더 확산 더 상승 운동을 한다. 지지 申金은 저녁과 가을이 시작되는 시기로 응축 하강 운동이 일어난다. 병의 시기에는 느긋한 활동이 좋다.

丙火는 寅卯辰에서 생욕대, 巳午未에서 록왕쇠이다. 申酉戌에서 병사묘, 亥子丑에서는 절태양이다. 왕상휴수(旺相休囚)로는 생욕대가 상(相)이고, 록왕쇠가 왕(旺)이다. 병사묘는 휴(休)가 되고, 절태양은 수(囚)가 된다.

_丁酉정유

丁火는 酉에서 목욕이다. 丁火는 밖에서 안으로 들어가며 더 응축 더 하강하는 속성을 가지고 있다. 지지 酉金은 응축 하강 운동이 본격화되는 시기이다. 목욕은 중고등학교 학생과 같아서 아직은 배우고 익히는 중이니 독립은 시기상조이다.

丁火는 申酉戌에서 생욕대로 출근하여 亥子丑에서 록왕쇠로 열심히 일한다. 촛불, 화롯불에 비유되는 丁火의 규모는 크지 않다. 그릇의 종류와 크기는 태어날 때 정해진다. 분수를 잘 지켜야 한다.

_戊戌 무술

戊土는 戌에서 묘이다. 戊土는 더 확산 더 상승 운동을 하는 丙火
의 속도를 줄여 멈추게 한 후 응축 하강하는 속성을 가진 庚金을
돕는다. 지지 戊土는 저녁에서 밤으로 가고, 가을에서 겨울로 가며
응축 하강 운동이 더욱 강해지는 시기이다.

묘는 느긋한 일에 적합하다. 바쁘게 사는 사람이 있고, 느긋하게
여유를 부리며 사는 사람이 있다. 타고난 팔자대로 살아가면 좋다.
천간 지지 글자의 속성과 운의 흐름을 지키면 큰 탈이 없다.

_己亥 기해

己土는 亥에서 건록이다. 己土는 더 응축 더 하강 운동을 하는 丁火
를 멈추게 하고 확산 상승하는 辛金을 돕는다. 亥水는 밤이고 겨울
의 시기로 더 응축 더 하강 운동이 일어난다. 건록에서는 할 일이 많
아지고 바빠진다. 바쁘다고 무조건 좋은 것이 아니다. 적당한 것이
좋다.

亥에서는 己土가 건록이니 戊土는 절이 된다. 음지식물은 음지에
서 살고, 양지식물은 양지에서 살아야 한다. 음간은 실내로 들어오
며 일을 하고, 양간은 실외로 나가는 모습을 취해야 한다. 음지식물
이 양지에 있거나 양지식물이 음지에 있으면 실패할 가능성이 크고
사는 일이 힘들다.

_庚子 경자

庚金은 子에서 사이다. 庚金은 안에서 밖으로 나가며 응축 하강 운동을 한다. 子水는 더 응축 더 하강 운동이 왕성하게 일어나는 시기이다. 12운성 사는 퇴근하는 시기와 같다. 퇴근할 때는 일을 시작하거나 확대하면 안 되고 마무리를 해야 한다.

庚金과 辛金은 음양 관계이니 반대로 운동한다. 庚金은 卯에서부터 酉까지 활동하고, 辛金은 酉에서부터 卯까지 활동한다. 庚金과辛金을 구분하지 못하고 대충 金이라고 얼버무리면 안 된다.

_辛丑 신축

辛金은 丑에서 관대이다. 辛金은 밖에서 안으로 들어가며 확산 상승 운동을 한다. 지지 丑土는 밤에서 아침으로, 겨울에서 봄으로 가는 시기이다. 관대(冠帶)에서는 교육을 마치고 새로운 환경으로 들어가서 점점 바빠지기 시작한다. 새로운 환경에 적응하는 일이 쉽지만은 않다.

반대쪽의 12운성을 알아두면 좋다. 장생(長生)-병, 목욕(沐浴)-사, 관대(冠帶)-묘(墓), 건록(建祿)-절(絕), 제왕(帝旺)-태(胎), 쇠(衰)-양이 반대편에 위치한다.

_壬寅 임인

壬水는 寅에서 병이다. 壬水는 안에서 밖으로 나오며 더 응축 더 하강하는 속성을 가지고 있다. 지지 寅木은 확산 상승이 시작되는 시기이다. 천간은 지지의 환경에 따라 움직인다.

병의 시기에는 바쁜 활동보다는 여유를 부리며 느긋하게 살아가면 좋다. 음지식물은 음지에서 살고 양지식물은 양지에서 살아야 한다. 도시 쥐와 시골 쥐 이야기를 생각해 보면 된다.

_癸卯 계묘

癸水는 卯에서 목욕이다. 癸水는 밖에서 안으로 들어가며 더 확산 더 상승 운동을 한다. 지지 卯木은 확산 상승이 본격적으로 일어나는 때이다. 목욕은 어린아이의 티를 벗고 성인이 되기 위해 준비하는 시기로 미래를 위해 투자하면 좋다.

癸水는 丙火나 戊土의 12운성과 같다. 癸水는 寅에서 장생, 卯에서 목욕 그리고 辰에서 관대이다.

_甲辰 갑진

甲木은 辰에서 쇠이다. 甲木은 안에서 밖으로 나가며 확산 상승 운동을 한다. 辰土는 아침에서 낮으로, 봄에서 여름으로 가는 시기로 확산 상승 운동이 활발해진다.

辰戌丑未는 변화의 시기이므로 처음과 끝의 기운이 다르다. 또한 환절기나 커브길과 같다. 쇠는 은퇴한 시기로 새로운 두 번째 삶을 준비하고 시작해야 한다. 영원한 것은 없다.

_乙巳 을사

乙木은 巳에서 장생이다. 乙木은 밖에서 안으로 들어가며 응축 하 강 운동을 한다. 지지 巳火는 여름이 시작되는 시기로 더 확산 더 상승 운동이 본격적으로 일어난다. 장생은 새로 태어나 출생신고를 하는 시기와 같다. 서두르면 안 되고 누군가의 돌봄을 받으면 좋다. 巳火는 주역의 괘에서 중천건(重天乾)이다. 여섯 개의 효가 온통 양 (陽)으로만 되어 있다.

_丙午 병오

丙火는 午에서 제왕이다. 丙火는 안에서 밖으로 나가며 더 확산 더 상승 운동을 한다. 지지 午火는 여름이 절정으로 더 확산 더 상승 운동이 일어난다. 제왕에 이르면 정상에 도달하여 더 올라갈 곳이 없으니 배턴을 넘기고 내려올 준비를 해야 한다.

丙火와 丁火는 子와 午에서 배턴 터치를 한다. 양간은 안에서 밖으로 나가는 운동을 하고, 음간은 밖에서 안으로 들어오는 운동을 한다. 음양의 균형을 이루며 살아가면 모두가 편안한 삶을 살 수 있다.

_丁未 정미

丁火는 未에서 양이다. 丁火는 밖에서 안으로 들어가며 더 응축 더 하강하는 속성을 가지고 있다. 지지 未土는 낮에서 저녁으로, 여름에서 가을로 바뀌는 시기로 확산 상승이 응축 하강 운동으로 바뀐다. 양은 잉태하여 뱃속에서 길러지는 시기이다. 정해진 것은 없으니 기도하는 마음으로 살면 좋다.

辰戌丑未는 각 계절을 바꾸는 환절기이다. 오행으로는 土라고 같이 부르지만 속성이 모두 다르다. 지지표를 그려놓고 辰戌丑未를 이해하면 좋다.

_戊申무신

戊土는 申에서 병이다. 병의 반대편에는 장생이 있다. 戊土는 더 확산 더 상승 운동을 하는 丙火의 속도를 줄여 멈추게 한 후 응축 하강하는 속성을 가진 庚金을 돕는다. 지지 申金은 저녁과 가을이 시작되는 시기로 응축 하강 운동이 일어난다.

병의 시기에는 바쁜 활동보다는 여유 있고 느긋한 활동이 좋다. 새로운 일을 시작하면 안 되고 하는 일을 마무리하는 것이 좋다. 戊申과 丙申의 12운성은 같다. 火土동법을 쓰기 때문이다.

_己酉기유

己土는 酉에서 목욕이다. 己土는 더 응축 더 하강 운동을 하는 丁火를 멈추게 하고 확산 상승하는 辛金을 돕는다. 지지 酉金은 응축 하강 운동이 본격화되는 시기이다. 천간은 지지 환경을 따라야 한다. 목욕은 어린아이의 티를 벗고 성인이 되기 위해 준비하며 취직을 위해 공부하는 시기이다. 아직 독립은 이르다.

己土는 午에서 잉태하여 子에서 제왕이다. 己土는 밖에서 안으로 들어가며 더 응축 더 하강하는 속성을 가지고 있다. 음간이 힘을 얻어가면 깊이 들어가서 밖에서 보이지 않게 된다. 보이지 않는다고 없는 것이 아니다. 양(陽)은 누구나 알 수 있다. 보이지 않는 음을 잘 알아야 고수가 된다.

_庚戌경술

庚金은 戌에서 쇠이다. 庚金은 안에서 밖으로 나가며 응축 하강 운동을 한다. 지지 戌土는 저녁에서 밤으로 가고, 가을에서 겨울로 가며 응축 하강 운동이 더욱 강해지는 시기이다. 쇠는 은퇴한 시기로 새로운 일을 찾아야 한다. 영원한 것은 없다.

庚金은 卯에서부터 酉까지 주도권을 가지고 활동하다가 酉에서 辛金에게 배턴을 넘긴다. 庚金은 申에서 건록, 酉에서 제왕을 지나 戌에서 쇠이다. 그리고 亥子丑에서 병사묘를 지난다.

_辛亥신해

辛金은 亥에서 장생이다. 辛金은 밖에서 안으로 들어가며 확산 상승 운동을 한다. 亥水는 밤이고 겨울의 시기로 더 응축 더 하강 운동이 일어난다. 장생은 새로 태어나 출생신고를 하는 시기와 같다. 서두르면 안 되고 누군가의 돌봄을 받으면 좋다.

辛金은 甲木과 12운성을 같이 쓴다. 辛金은 봄철의 寅卯辰에서 록왕쇠로 가장 왕성한 활동을 한다. 辛金은 뼈를 튼튼히 하거나 나무의 줄기를 단단하게 한다. 건물 속의 철근도 辛金이다.

_壬子임자

壬水는 子에서 제왕이다. 壬水는 안에서 밖으로 나가며 더 응축 더 하강하는 속성을 가지고 있다. 子水는 더 응축 더 하강 운동이 왕성하게 일어나는 시기이다. 제왕에 이르면 정상에 도달하여 더 올라갈 곳이 없으니 배턴을 넘기고 내려올 준비를 해야 한다.

壬水는 午에서 태(胎)로 시작하여 子에서 제왕이다. 壬水는 子에서 제왕이니 가장 낮은 곳에서 가장 응축된 모습을 하고 있다. 壬子의 반대편에는 丙午나 戊午가 있다. 모두 12운성 제왕이지만 천간과 지지에 따라 나타나는 현상은 완전히 다르다.

_癸丑계축

癸水는 丑에서 양이다. 癸水는 밖에서 안으로 들어가며 더 확산 더 상승 운동을 한다. 지지 丑土는 밤에서 아침으로, 겨울에서 봄으로 가는 시기이다. 양은 잉태하여 뱃속에서 길러지는 시기로 아직 정해진 것은 없으니 기도하는 마음으로 살면 좋다. 윗사람들의 돌봄이 필요한 시기니 독자적인 행동은 불가하다.

_甲寅갑인

甲木은 寅에서 건록이다. 甲木은 안에서 밖으로 나가며 확산 상승 운동을 한다. 지지 寅木은 확산 상승이 시작되는 시기이다. 건록에서는 할 일이 많아지고 바빠진다. 바쁘다고 무조건 좋은 것은 아니다. 적당한 것이 좋다.

양간인 甲木은 寅卯에서 록·왕이다. 반대로 음간인 乙木은 寅卯에서 절태이다. 건록·제왕이라고 무조건 좋은 것이 아니다. 퇴근하고 잠을 자며 휴식하는 것도 중요하다.

_乙卯 을묘

乙木은 卯에서 태이다. 乙木은 밖에서 안으로 들어가며 응축 하강 운동을 한다. 지지 卯木은 확산 상승이 본격적으로 일어나는 시기이다. 태는 잉태한 시기와 같으니 밖으로 드러나게 활동하면 안 된다. 바닥을 친 것과 같으니 더 하락은 없다. 희망을 가져야 한다.

乙木은 寅卯에서 절태이고, 丁火는 巳午에서 절태이다. 辛金은 申酉에서 절태가 되고, 癸水는 亥子에서 절태이다. 음양(陰陽)은 서로 반대로 움직인다.

_丙辰 병진

丙火는 辰에서 관대이다. 丙火는 안에서 밖으로 나가며 더 확산 더 상승 운동을 한다. 辰土는 아침에서 낮으로, 봄에서 여름으로 가는 시기로 확산 상승 운동이 활발해진다.

관대는 변화의 시기이다. 관대만이 아니라 쇠(衰), 묘(墓), 그리고 양(養)도 변화의 시기이다. 관대에서는 교육을 마치고 새로운 환경으로 들어간다. 새로운 환경에 적응하는 일이 쉬운 것만은 아니다. 辰戌丑未는 커브길과 같으니 속도를 늦추고 새로운 변화에 적응해야 한다.

_丁巳정사

丁火는 巳에서 절이다. 丁火는 밖에서 안으로 들어가며 더 응축 더 하강하는 속성을 가지고 있다. 지지 巳火는 여름이 시작되는 시기로 더 확산 더 상승 운동이 본격적으로 일어난다. 절은 단절을 의미하니 이 시기에는 드러나게 활동하면 안 되고 보이지 않는 곳에서 충전하고 휴식하면 된다.

丙火는 巳午未에서 록왕쇠이고, 丁火는 巳午未에서 절태양이다. 양간이 활동할 때는 음간이 휴식하고, 음간이 활동할 때는 양간이 휴식한다.

_戊午무오

戊土는 午에서 제왕이다. 戊土는 더 확산 더 상승 운동을 하는 丙火의 속도를 줄여 멈추게 한 후 응축 하강하는 속성을 가진 庚金을 돕는다. 지지 午火는 여름이 절정으로 더 확산 더 상승 운동이 일어난다. 제왕에 이르면 정상에 도달하여 더 올라갈 곳이 없으니 바턴을 넘기고 내려올 준비를 해야 한다.

戊土는 巳午未에서 록왕쇠이고, 己土는 亥子丑에서 록왕쇠이다. 록왕쇠에서 일이 가장 많아 바쁘고, 절태양에서는 가장 한가하다. 자연의 법은 쉬지 않고 출근-활동-퇴근-잠의 과정을 순환 반복한다.

_己未기미

己土는 未에서 양이다. 己土는 더 응축 더 하강 운동을 하는 丁火
를 멈추게 하고 확산 상승하는 辛金을 돕는다. 지지 未土는 낮에서
저녁으로, 여름에서 가을로 바뀌는 시기로 확산 상승이 응축 하강
운동으로 바뀐다. 양은 잉태하여 뱃속의 아이와 같아서 누군가의
돌봄을 받아야 한다. 정해진 것은 없으니 기도하는 마음으로 살면
좋다.

己土는 午에서 戊土로부터 배턴을 이어받아 활동을 시작한다. 午
에서 태가 되고, 未에서 양이다. 음간인 己土가 활동을 시작하면 안
으로 들어가며 더 응축 더 하강하는 속성을 가지고 있다. 亥子丑에
서 록왕쇠로 활동하는 己土는 巳午未에서 절태양이다.

_庚申경신

庚金은 申에서 건록이다. 庚金은 안에서 밖으로 나가며 응축 하강
운동을 한다. 지지 申金은 저녁이나 가을이 시작되는 시기로 응축
하강 운동이 일어난다. 건록에서는 할 일이 많아지고 바빠진다. 바
쁘다고 무조건 좋은 것은 아니다. 적당한 것이 좋다.

庚金은 申에서 건록, 酉에서 제왕, 그리고 戌에서 쇠이다. 좋고 나
쁨은 없다. 자기 팔자와 운의 흐름을 따르면 된다. 팔자와 운의 흐
름을 거역하면 역천자(逆天者)가 되어 힘들게 산다.

_辛酉 신유

辛金은 酉에서 태이다. 辛金은 밖에서 안으로 들어가며 확산 상승 운동을 한다. 지지 酉金은 응축 하강 운동이 본격화되는 시기이다. 천간은 지지 환경을 무시해서는 안 된다. 태는 잉태한 시기와 같으니 밖으로 드러나게 활동하면 안 된다. 바닥을 친 것과 같으니 희망을 가져야 한다.

酉에서 庚金은 辛金에게 배턴을 넘긴다. 辛金은 酉에서 태, 戌에서 양, 亥에서 장생이다. 음간의 활동이 강해지면 안으로 들어가게 되니 보이지 않게 된다. 보이지 않는다고 없는 것이 아니다. 보이지 않는 것을 볼 수 있어야 한다. 음이 양을 움직이기 때문이다.

_壬戌 임술

壬水는 戌에서 관대이다. 壬水는 안에서 밖으로 나가며 더 응축 더 하강하는 속성을 가지고 있다. 지지 戌土는 저녁에서 밤으로 가고, 가을에서 겨울로 가며 응축 하강 운동이 더욱 강해지는 시기이다. 관대는 변화의 시기이다. 관대만이 아니라 쇠, 묘, 그리고 양도 변화의 시기이다. 관대에서는 교육을 마치고 새로운 환경으로 들어간다. 새로운 환경에 적응하는 일이 쉬운 것만은 아니다.

壬水는 午에서 태가 되고, 癸水는 子에서 태가 된다. 음양의 차이를 모르는 사람들이 많다.

_癸亥 계해

癸水는 亥에서 절이다. 癸水는 밖에서 안으로 들어가며 더 확산 더 상승 운동을 한다. 亥水는 밤이고 겨울의 시작으로 더 응축 더 하강 운동이 일어난다. 절의 시기에는 보이지 않는 곳에서 휴식, 충전하며 여행이나 공부를 해도 좋다. 절은 단절을 의미하니 변화를 주면 안 되고 하던 일을 그대로 하면 된다.

癸水는 亥子丑에서 절태양이다. 절태양은 보이지 않는 곳에서 조용히 살아가면 좋다.

국어 90점, 영어 95점, 수학 72점. 이러한 성적을 받은 아이가 있다면 부모나 학교나 학원 선생님들 그리고 학생 본인은 뭐라고 생각할까? 국어와 영어는 됐고, 이제 수학 과목에 치중해야 한다고 말할 것이다. 사주명리학적으로는 그렇지 않다. 못하는 과목은 던져버리고 잘하는 과목에 치중해야 한다. 수학 점수가 낮은 아이가 수학 학원을 가고 수학 과외를 받으며 아무리 노력해도 타고난 수학을 잘하는 아이를 절대 따라잡을 수 없다. 전 과목 총점과 평균 그리고 그에 따른 석차는 중요하지 않다.

못하는 과목을 하려고 할 것이 아니라 타고난 잘할 수 있는 과목에 집중해야 한다. 타고난 능력을 찾기 위해 적성검사도 하고 학습지도나 진학 상담도 받는다. 타고난 능력을 살려야 일에 효율이 오르고, 삶이 재미있고 행복해질 수 있다.

초·중고등학교에서 수많은 과목을 펼쳐놓고 수업하는 이유는 모든 과목을 잘하라는 뜻이 아니다. 어느 과목에 소질이 있는지 파악하여 진로 전공 그리고 직업을 정하기 위해서이다. 그 많은 과목 중에서 타고난 능력과 적성 소질을 찾으면 교육 목적은 달성된 것이다. 모든 과목을 잘할 필요도 없고 잘할 수도 없다. 모든 과목을 모두 잘하라고 하면 안 된다.

모든 과목을 잘할 필요는 없다. 수학과에서는 수학을 잘하는 학생을 뽑으면 된다. 학교 교육에 필요한 국어, 영어, 수학, 상식 등은 이미 초중고 과정에서 배워지고 입학한 후에 배워도 늦지 않다. 영어 선생이라고 모든 영어를 잘할 수도 없고 잘할 필요도 없다. 입시 영어, 토익, 토플, 영어회화 등 자기 분야만 잘하면 된다. 운동선수도 축구, 농구, 스케이트, 체조, 골프 등 자기 종목만 잘하면 된다.

대학도 무조건 일류대나 대도시로 갈 필요가 없다. 음지식물은 음지에서 살아야 하고 양지식물은 양지에서 살아야 한다. 대도시가 유리한 사람이 있고 지방이 유리한 사람이 있다. 운이 亥子丑으로 간다면 지방이 좋을 것이고, 운이 巳午未로 간다면 도시가 유리할 것이다.

내가 세상을 바꿀 수는 없다. 나를 바꾸는 것이 편하다. 현실을 바꾸는 것은 무척 힘들다. 절이 싫으면 스님이 떠나라는 말이 있다. 내 생각을 바꾸기는 쉽다. 바꾸기 힘든 현실을 바꾸려고 하지 말고 자신의 생각을 바꾸는 것이 현명하다.

격국(格局)

나이스추리로 다시 쓰는 명리학

...이론편...

격국

격(格)은 팔자에서 가장 강한 세력을 말한다.

격에 따라 그릇의 종류와 크기가 정해진다.

격은 팔자 주인공이 가장 잘할 수 있는 타고난 능력, 소질, 적성 등
이다.

보통 건록이나 제왕이 가장 강하고, 관대나 쇠는 다음으로 강하다.

보통 월지에서 록왕쇠에 해당하는 글자 중에서 천간에 투출한 글
자를 격으로 잡는다. 그러나 모든 팔자가 월지에서 록왕쇠로 천간에
투출할 수는 없다. 그래서 격을 정할 수 없는 경우가 많다. 그래도 미
약하지만 그중에서 강한 세력은 있으므로 격을 잡을 수는 있다. 그러
나 격이라고 하는 것은 누구나 인정하는 록왕쇠에 해당하는 글자로

잡는다. 물론 록왕쇠라고 모두 같은 것은 아니다. 건록보다 더 강한 것이 제왕이고, 쇠는 제왕에서 물러난 시기이다. 물론 관대도 나름 힘이 있다. 그러나 건록보다는 힘이 약하다.

예를 들면 국·영·수 모두 90점 이상일 때 가장 높은 점수의 과목을 격으로 잡는다. 격은 모두가 알아주고 인정해 주는 강한 세력이다. 그래서 보통 월지에서 록왕쇠로 투한 천간으로 잡는다. 그런데 국·영·수 모두 50점 미만이라고 해도 격을 잡을 수는 있다. 모든 과목이 50점 밑이라고 하더라도 그중에서 가장 점수가 높은 과목을 격으로 잡으면 된다. 그러나 모두가 인정하는 내세울 만한 격은 아니다.

격을 보통 록왕쇠로 잡지만 꼭 록왕쇠만은 아니다. 기준에 따라 격이 달라질 수 있다. 누가 더 한가한지를 따지면 절태양을 기준으로 격을 잡을 수 있다. 그러나 보통 누가 더 바쁘게 열심히 일하는가를 기준으로 삼으므로 월지에서 록왕쇠로 투한 천간을 격으로 잡는다. 록왕쇠는 가장 바쁘게 일하는 시기이다.

원국에서 격의 고저

격은 팔자에서 가장 강한 세력을 말한다.

보통 십신으로 격을 정한다. 비견격, 겁재격, 식신격, 상관격, 편재격, 정재격, 편관격(칠살격), 정관격, 편인격, 정인격(인수격) 등이 있다. 일간은 십신을 정하는 기준이다. 건록격이나 양인격은 일간이 몹시 강할 때를 말한다.

팔자의 격은 천간과 천간으로 정해지는 십신을 기준으로 정한다. 건록격과 양인격은 천간과 지지로 정해지므로 일반적으로 말하는 격과는 다르다.

일간을 기준으로 하는 격

時	日	月	年
○	甲	○	○
○	○	寅	○

- 일간 甲木은 월지 寅에서 건록이다.

- 건록격이다.

- 건록격이나 양인격은 일간이 힘이 있다는 것이다.

- 건록격이나 양인격은 엄격하게 말해서 격이 아니다.

- 확산 상승하는 속성을 가진 甲木이다.

- 성패는 팔자에 있는 것이 아니다.

- 글자의 속성을 지키느냐에 달려 있다.

時	日	月	年
○	丙	○	○
○	○	巳	○

- 일간 丙火는 월지 巳에서 건록이다.

- 건록격이다.

- 건록격이나 양인격은 일간이 힘이 있다는 것이다.

- 건록격이나 양인격은 엄격하게 말해서 격이 아니다.

- 丙火는 더 확산 더 상승하는 속성을 가지고 있다.

- 반드시 글자의 속성을 지켜야 한다.

時	日	月	年
○	庚	○	○
○	○	申	○

- 일간 庚金은 월지 申에서 건록이다.

- 건록격이다.

- 건록격이나 양인격은 일간이 힘이 있다는 것이다.

- 건록격이나 양인격은 엄격하게 말해서 격이 아니다.

- 응축 하강하는 속성을 가진 庚金이다.

- 성패는 팔자에 있는 것이 아니다.

- 글자의 속성을 지키느냐에 달려 있다.

時	日	月	年
○	壬	○	○
○	○	亥	○

- 일간 壬水는 월지 亥에서 건록이다.

- 건록격이다.

- 건록격이나 양인격은 일간이 힘이 있다는 것이다.

- 건록격이나 양인격은 엄격하게 말해서 격이 아니다.

- 일간 壬水는 더 응축 더 하강하는 속성을 가지고 있다.

- 격의 이름이 같다고 모두 같은 것이 아니다.

- 천간의 속성에 따라 다르다.

時	日	月	年
○	甲	○	○
○	○	卯	○

●일간 甲木은 월지 卯에서 제왕이다.

●제왕격이다.

●양인격이라고도 한다.

●일간 甲木의 힘이 무척 강하다는 의미이다.

●甲木은 안에서 밖으로 나오며 확산 상승 운동을 한다.

時	日	月	年
○	丙	○	○
○	○	午	○

●일간 丙火는 월지 午에서 제왕이다.

●제왕격이다.

●양인격이라고도 한다.

●일간 丙火의 힘이 무척 강하다는 의미이다.

● 丙火는 더 확산 더 상승하는 속성을 가지고 있다.

時	日	月	年
○	戊	○	○
○	○	午	○

●일간 戊土는 월지 午에서 제왕이다.

- 제왕격이다.

- 양인격이라고도 한다.

- 일간 戊土의 힘이 무척 강하다는 의미이다.

- 戊土는 巳午未에서 록왕쇠로 활동한다.

時	日	月	年
○	庚	○	○
○	○	酉	○

- 일간 庚金은 월지 酉에서 제왕이다.

- 제왕격이다.

- 양인격이라고도 한다.

- 일간 庚金의 힘이 무척 강하다는 의미이다.

- 庚金은 응축 하강하는 속성을 가지고 있다.

時	日	月	年
○	壬	○	○
○	○	子	○

- 일간 壬水는 월지 子에서 제왕이다.

- 제왕격이다.

- 양인격이라고도 한다.

- 일간 壬水의 힘이 무척 강하다는 의미이다.

- 일간 壬水는 더 응축 더 하강하는 속성을 가지고 있다.

- 천간마다 다른 속성을 가지고 있다.
- 반드시 글자의 속성을 지켜야 한다.

時	日	月	年
○	乙	○	○
○	○	申	○

- 일간 乙木은 월지 申에서 건록이다.
- 건록격이다.
- 가을의 木이 약하다고 하면 안 된다.
- 甲木과 乙木을 구분해야 한다.
- 乙木은 응축 하강하는 속성이 있다.

時	日	月	年
○	丁	○	○
○	○	亥	○

- 일간 丁火는 월지 亥에서 건록이다.
- 건록격이다.
- 丙火와 丁火를 구분해야 한다.
- 丁火는 더 응축 더 하강하는 속성이 있다.

- 일간 己土는 월지 亥에서 건록이다.

- 건록격이다.

- 戊土와 己土를 구분해야 한다.

- 戊土는 巳午未에서 록왕쇠이고, 己土는 亥子丑에서 록왕쇠이다.

- 일간 辛金은 월지 寅에서 건록이다.

- 건록격이다.

- 辛金과 庚金을 구분해야 한다.

- 辛金은 확산 상승하는 속성이 있다.

_일간 외 천간을 기준으로 하는 격

일간을 기준으로 정해지는 열 가지 종류의 격을 정해본다.

격은 일단 천간에 있어야 한다. 천간에 있는 글자가 원국이나 운의 지지에서 록왕쇠에 이를 때 격으로 정한다. 그래서 월지에서 록왕쇠에 해당하는 천간을 미리 생각해 두면 좋다.

時	日	月	年
壬	丙	庚	癸
辰	午	申	酉

- 격국은 팔자에서 가장 강한 세력을 말한다.
- 가장 강한 세력은 가장 잘할 수 있는 일이다.
- 월지에서 록왕쇠에 해당하는 천간을 격으로 잡는다.
- 월지 申에서는 庚金과 乙木이 건록이다.
- 월간에 庚金이 있으므로 편재격이다.

時	日	月	年
丁	丙	甲	戊
酉	申	寅	申

- 월지 寅에서는 甲木과 辛金이 건록이다.
- 월간에 편인 甲木이 있으므로 편인격이다.

時	日	月	年
己	甲	甲	乙
巳	辰	申	丑

- 월지 申에서는 乙木과 庚金이 건록이다.
- 겁재 乙木이 연간에 있으므로 겁재격이다.

時	日	月	年
己	庚	丙	甲
卯	寅	寅	寅

- 월지 寅에서는 甲木과 辛金이 건록이다.
- 연간에 편재 甲木이 있으므로 편재격이다.

時	日	月	年
戊	乙	丁	甲
寅	卯	卯	寅

- 월지 卯에서는 甲木과 辛金이 제왕이다.
- 연간에 겁재 甲木이 있으므로 겁재격이다.

時	日	月	年
壬	乙	乙	乙
午	亥	酉	卯

- 월지 酉에서는 庚金과 乙木이 제왕이다.
- 비견 乙木이 연간과 월간에 있으므로 비견격이다.

時	日	月	年
壬	丙	丙	甲
辰	寅	子	子

● 월지 子에서는 壬水와 丁火 己土가 제왕이다.

● 시간에 편관 壬水가 있다.

● 편관격(칠살격)이다.

時	日	月	年
己	甲	乙	庚
巳	午	酉	申

● 월지 酉에서는 庚金과 乙木이 제왕이다.

● 연간에 편관 庚金이 있고, 월간에 겁재 乙木이 있다.

● 편관격과 겁재격이 될 수 있다.

● 운의 천간이 庚金일 때는 편관 庚金을 쓴다.

● 운의 천간이 乙木일 때는 겁재 乙木을 쓴다.

時	日	月	年
壬	丁	己	丙
寅	卯	亥	午

● 월지 亥에서는 丁火와 己土 그리고 壬水가 건록이다.

● 월간 일간 시간에 己土와 丁火, 壬水가 모두 있다.

● 월간 己土는 월지 亥에서 건록 중 건록이다.

● 일간 丁火는 월지에서 건록이고, 일지에서 사이다.

- 시간 壬水는 월지에서 건록이고, 시지에서 병이다.

- 월간 식신 己土가 가장 강하다.

- 식신격이다.

- 시간의 정관 壬水도 강한 편이다.

時	日	月	年
乙	辛	辛	戊
未	巳	酉	戌

- 월지 酉에서는 庚金과 乙木이 제왕이다.

- 시간에 편재 乙木이 있으므로 편재격이다.

- 월간 辛金이 酉에서 강하다고 하면 안 된다.

時	日	月	年
庚	己	丙	辛
午	未	申	酉

- 월지 申에서는 庚金과 乙木이 건록이다.

- 시간에 상관 庚金이 있으므로 상관격이다.

時	日	月	年
甲	辛	戊	戊
午	巳	午	寅

- 월지 午에서는 丙火, 戊土, 그리고 癸水가 제왕이다.

- 연간과 월간에 戊土 정인이 있다.

- 정인격이다.

時	日	月	年
庚	己	丙	辛
午	未	申	酉

- 월지 申에서는 庚金과 乙木이 건록이다.

- 시간에 庚金 상관이 있다.

- 상관격이다.

- 연간 辛金은 절 중 태이다.

운에서 격(格)의 변화

팔자의 격은 운에 의해서 변한다. 시간의 흐름, 즉 운에 의해 팔자 글자들도 변한다. 모든 것을 변하게 하는 것은 운이다.

다음 예들은 戊申 운에 격이 어떻게 변하는지 살펴보자.

원국에서 월지에서 투한 록왕쇠의 천간을 격으로 삼는다.

戊申 운의 申에서는 庚金과 乙木이 건록이다.

원국에서 庚金과 乙木이 있으면 그것을 격으로 잡는다.

戊申운에 격이 어떻게 변하는지 알아보자.

時	日	月	年
癸	乙	乙	丁
未	未	巳	丑

● 巳월에는 丙火와 戊土 그리고 癸水가 건록이다.

● 시간에 癸水가 있으므로 원국은 편인격이다.

● 戊申운의 申에서는 庚金과 乙木이 건록이다.

● 월간에 비견 乙木이 있으므로 비견격으로 변한다.

時	日	月	年
丁	乙	己	丙
丑	卯	亥	辰

● 亥월에는 壬水와 丁火 그리고 己土가 건록이다.

● 월간에 己土 편재가 있고, 시간에 丁火 식신이 있다.

● 원국은 편재격이나 식신격이다.

● 월간 己土는 건록 중 건록이고, 시간 丁火는 건록 중 쇠이다.

● 戊申운의 申에서는 庚金과 乙木이 건록이다.

● 乙木이 일간에 있으므로 일간이 건록이 되는 운이다.

時	日	月	年
癸	辛	戊	庚
巳	未	寅	申

● 寅월에는 甲木과 辛金이 건록이다.

- 일간에 辛金이 있다.

- 건록격이다.

- 건록격, 양인격은 십신으로 정하는 격과는 다르다.

- 戊申운의 申에서는 庚金과 乙木이 건록이다.

- 연간에 겁재 庚金이 있다.

- 겁재격으로 변하는 운이다.

時	日	月	年
癸	辛	辛	乙
巳	亥	巳	亥

- 巳월에는 丙火와 戊土 그리고 癸水가 건록이다.

- 시간에 癸水 식신이 있으므로 원국은 식신격이다.

- 戊申운의 申에서는 庚金과 乙木이 건록이다.

- 편재 乙木이 연간에 있으므로 편재격이다.

- 식신격이 편재격으로 변하였다.

時	日	月	年
壬	壬	己	辛
寅	寅	亥	酉

- 亥월에는 壬水와 丁火 그리고 己土가 건록이다.

- 월간에 己土가 있고, 일간과 시간에 壬水가 있다.

- 월간 정관 己土는 건록 중 건록이다.

- 시간 비견 壬水는 건록 중 병이다.

- 월간 정관 己土가 더 강하므로 정관격이다.

- 戊申운의 申에서는 庚金과 乙木이 건록이다.

- 천간에 투한 글자가 없으므로 격을 정할 수 없다.

時	日	月	年
丙	癸	丁	乙
辰	亥	亥	卯

- 亥월에는 壬水와 丁火 그리고 己土가 건록이다.

- 월간에 편재 丁火가 건록이다.

- 편재격이다.

- 戊申운의 申에서는 庚金과 乙木이 건록이다.

- 연간에 乙木 식신이 있으므로 식신격이다.

- 편재격이 식신격으로 변하였다.

時	日	月	年
庚	丙	庚	丙
寅	申	子	辰

- 子월에는 壬水와 丁火 그리고 己土가 제왕이다.

- 천간에 壬水, 丁火, 己土가 없다.

- 격을 정할 수 없다.

- 戊申운의 申에서는 庚金과 乙木이 건록이다.

● 월간과 시간에 편재 庚金이 있다.

● 戊申운은 편재격의 운이다.

時	日	月	年
戊	庚	癸	辛
寅	辰	巳	酉

● 巳월에는 丙火와 戊土 그리고 癸水가 건록이다.

● 월간에 상관 癸水와 시간에 편인 戊土가 있다.

● 월간 癸水는 건록 중 건록이다.

● 시간 戊土는 건록 중 장생이다.

● 월간 癸水 상관이 더 강하므로 상관격이다.

● 戊申운의 申에서는 庚金과 乙木이 건록이다.

● 일간에 庚金이 있어서 건록격이다.

● 건록격 양인격은 십신으로 정하는 격과는 다르다.

● 건록격 양인격은 일간의 힘이 강해진다는 의미이다.

時	日	月	年
乙	壬	乙	庚
巳	辰	酉	申

● 酉월에는 庚金과 乙木이 제왕이다.

● 庚金과 乙木이 연간, 월간, 시간에 있다.

● 연간 편인 庚金은 제왕 중 건록이다.

- 월간 乙木 상관은 제왕 중 제왕이다.

- 시간 상관 乙木은 제왕 중 장생이다.

- 월간 乙木 상관이 가장 강하므로 상관격이다.

- 戊申운의 申에서는 庚金과 乙木이 건록이다.

- 연간에 庚金과 乙木이 모두 있으므로 격은 그대로 유지된다.

時	日	月	年
丙	庚	丙	甲
子	辰	子	子

- 子월에는 壬水와 丁火 그리고 己土가 제왕이다.

- 원국 천간에 壬水, 丁火, 己土가 없으므로 격을 정할 수 없다.

- 戊申운의 申에서는 庚金과 乙木이 건록이다.

- 일간 庚金이 있으므로 건록격이다.

- 건록격은 격이라고 할 수 없다.

- 일간은 십신을 정하는 기준일 뿐이다.

時	日	月	年
辛	壬	丙	甲
亥	子	寅	戌

- 寅월에는 甲木과 辛金이 건록이다.

- 甲木과 辛金이 연간과 시간에 있다.

- 연간 식신 甲木은 건록 중 양이다.

- 시간 정인 辛金은 건록 중 장생이다.

- 시간 정인 辛金이 약간 더 강하니 정인격(인수격)이다.

- 戊申운의 申에서는 庚金과 乙木이 건록이다.

- 원국 천간에 庚金과 乙木이 없으므로 격을 정할 수 없는 운이다.

時	日	月	年
壬	丙	丁	庚
辰	子	亥	辰

- 亥월에는 壬水와 丁火 그리고 己土가 건록이다.

- 월간에 丁火, 시간에 壬水가 있다.

- 월간 겁재 丁火는 건록 중 건록이다.

- 시간 편관 壬水는 건록 중 묘이다.

- 월간 겁재 丁火가 더 강하므로 겁재격이다.

- 戊申운의 申에서는 庚金과 乙木이 건록이다.

- 연간에 편재 庚金이 있으므로 편재격이다.

- 겁재격이 편재격으로 바뀐다.

時	日	月	年
辛	乙	辛	乙
巳	未	巳	亥

- 巳월에는 丙火와 戊土 그리고 癸水가 건록이다.

- 천간에 丙火, 戊土, 癸水가 없으므로 격을 정할 수 없다.

- 戊申운의 申에서는 庚金과 乙木이 건록이다.

- 연간에 비견 乙木이 있으므로 비견격이 되는 운이다.

時	日	月	年
庚	己	己	壬
午	丑	酉	申

- 酉월에는 庚金과 乙木이 제왕이다.

- 시간에 庚金 상관이 있으니 상관격이다.

- 戊申운의 申에서는 庚金과 乙木이 건록이다.

- 시간에 庚金 상관이 있으니 상관격이 그대로 유지된다.

時	日	月	年
癸	癸	庚	癸
亥	未	申	亥

- 申월에는 庚金과 乙木이 건록이다.

- 정인 庚金이 월간에 있으므로 정인격(인수격)이다.

- 戊申운의 申에서는 庚金과 乙木이 건록이다.

- 월간에 정인 庚金이 있으므로 정인격이 그대로 유지된다.

대운(大運)

나이스서주멜리 다시 쓰는 뱅리학

...이론편...

대운

여기서 다시 중요한 내용을 점검하고 가자.

원국과 운의 관계이다. 원국은 태어날 때 정해져서 죽을 때까지 변하지 않는다. 죽은 후에도 변하지 않는 것이 사주팔자 원국이다. 그래서 사주풀이를 할 때는 변하지 않는 원국만 쳐다보고 있으면 안 된다.

사주팔자 원국에서는 그릇의 종류와 크기가 정해진다. 동식물은 물론이고 부엌에 있는 그릇들, 도로에 돌아다니는 자동차들, 그리고 눈에 보이든 보이지 않든 수많은 것들은 모두 태어날 때 정해져서 죽을 때까지 그대로다. 한 번 해바라기로 태어나면 영원히 해바라기이고, 한 번 토끼로 태어나면 영원히 토끼이다. 운이 지나가면서 해바라기가 채송화가 되거나 토끼가 호랑이가 되는 법은 없다.

사주팔자 원국의 글자들은 운에 의해서 변한다. 변하지 않는 것은 없다. 계절에 따라 변하는 주변 초목들, 세월에 따라 변해가는 사람들을 생각해 보자. 태어날 때 정해진 사주팔자를 변하게 하는 것은 운(運), 즉 시간의 흐름이다.

　팔자를 본다는 것은 운(運)의 변화를 보는 것이다. 팔자 상담은 태어날 때 정해진 팔자의 글자들이 운의 흐름에 따라 어떻게 변해가는 지를 보는 것이다.

　일년도 寅卯辰·巳午未·申酉戌·亥子丑으로 흘러가고, 하루도 寅卯辰·巳午未·申酉戌·亥子丑으로 흘러간다. 개인의 운도 마찬가지로 寅卯辰·巳午未·申酉戌·亥子丑으로 이어진다. 남녀에 따라 대운의 흐름이 순행이나 역행이 된다. 순행과 역행은 어느 쪽에서 시작하느냐의 차이이다. 남자는 양, 여자는 음으로 정하고 연간이 양간이면 남자는 순행, 연간이 음간이면 남자는 역행이다. 여자는 그 반대이다.

　대운은 만세력을 사용하면 쉽게 알 수 있다. 일반인이 자동차 구조나 원리를 알 필요 없이 운전만 잘하면 되듯이 대운의 흐름도 마찬가지이다. 자동차 구조나 원리를 알고 싶으면 전문 서적을 보면 되듯이 팔자에서도 대운의 원리를 알고 싶으면 인터넷 검색을 해 보면 된다.

　운에는 대운·세운·월운이 있고, 일운[일진]도 있다. 대운 속에 세운·월운·일운[일진]이 있다. 세운 속에 월운·일운이 있고, 월운 속에 일운이 있다. 일운 속에 시운도 있다. 작은 운은 큰 운을 벗어나지 못한다. 세운 월운 일운은 모든 사람이 똑같지만, 대운은 사람마다 다를 가능성이 크다. 그래서 대운이 중요하다.

대운은 십 년 동안 운(運)의 흐름을 나타낸다. 대운을 알면 세운이나 월운 등의 한계를 알 수 있다. 대운이 봄이면, 세운·월운은 봄 안에서 움직이고, 대운이 가을이면 세운·월운은 가을 안에서 움직인다. 이렇게 대운은 세운·월운을 통제하는 큰 환경을 나타낸다. 그래서 대운을 빼고 세운이나 월운을 보면 안 된다. 그것은 계절을 모르고 하루하루 날씨 변화만 보는 것과 같다.

대운의 흐름을 보면 같은 팔자라도 남녀가 다름을 알 수 있다. 대운에서 순행·역행은 연간의 글자로 결정된다. 연간이 음간인지 양간인지에 따라서 대운의 순행·역행이 결정된다. 순행·역행은 수학에서 플러스(+)와 마이너스(−)처럼 명리학에서 정한 약속이다.

순행이란 甲子·乙丑·丙寅·丁卯·戊辰·己巳... 순서로 가는 것을 말한다. 역행이란 己巳·戊辰·丁卯·丙寅·乙丑·甲子... 순서로 가는 것을 말한다.

남자는 연간이 양간이면 순행하고, 여자는 연간이 음간일 때 순행한다. 반대로 남자는 연간이 음간이면 역행하고, 여자는 연간이 양간이면 역행한다. 사주팔자와 대운의 체계를 처음 만들 때 약속을 한 것이다.

●남자 사주로, 연간이 戊土로 양간이다.

●남자 사주에서 연간이 양간이면 대운은 순행한다.

●월주 庚申에서 대운은 辛酉 · 壬戌 · 癸亥 · 甲子... 순서로 정해진다.

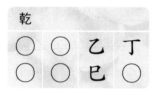

●남자 사주로, 연간이 丁火로 음간이다.

●남자 사주에서 연간이 음간이면 대운은 역행한다.

●월주 乙巳에서 대운은 甲辰 · 癸卯 · 壬寅... 순서로 간다.

●여자 사주로, 연간은 乙木으로 음간이다.

●여자 사주에서 연간이 음간이니 대운은 월주부터 순행한다.

●월주가 己卯이므로 대운은 庚辰 · 辛巳 · 壬午 · 癸未... 순서로 간다.

●여자 사주로, 연간이 庚金으로 양간이다.

●여자 사주에서 연간이 양간이면 대운은 역행한다.

●월주가 乙酉이므로 甲申·癸未·壬午·辛巳... 순서로 간다.

운을 보는 법

대운과 세운이 서로 반대로 갈 때에는 잘 살펴야 한다. 세운이나 월운 그리고 일운은 대한민국 모든 국민이 똑같다. 그러나 대운은 사람마다 다를 수 있다. 보통 대운을 빼고 세운이나 월운을 보는 경향이 있는데 그래서는 안 된다.

다음 표를 보며 예를 들어보자.

대운	세운	실제 온도
亥 子 丑 (-15도 ~ 5도)	亥 子 丑	영하 15도
	巳 午 未	영상 5도
巳 午 未 (25도 ~ 35도)	巳 午 未	영상 35도
	亥 子 丑	영상 25도

먼저 대운이 亥子丑 겨울일 때 온도는 영하 15도에서 영상 5도 정도라고 하고, 대운이 巳午未 여름일 때는 온도가 영상 25도에서 영상 35도 정도라고 하자.

대운이 亥子丑이고 세운이 巳午未면 겨울 속의 좀 포근한 날씨가 되니 실제 온도는 영상 5도 정도다. 또 대운이 亥子丑일 때 세운도 亥子丑이면 겨울 속의 겨울과 같으니 실제 온도는 영하 15도 정도가 된다.

이제 대운이 巳午未일 때 세운도 巳午未면 여름 속의 여름과 같아서 실제 온도는 영상 35도 정도 되고, 대운이 巳午未일 때 세운이 亥子丑이면 여름 속의 시원한 날이 되어서 실제 온도는 25도 정도 된다.

같은 세운이라도 대운에 따라 얼마나 큰 차이가 나는지 실감할 수 있다. 사주 상담 때는 실제 질문은 세운일 경우가 많지만, 반드시 대운을 염두에 두고 설명해야 한다.

나무의 모습은 계절에 따라 모습이 달라진다. 사람의 옷차림도 계절마다 변한다. 마찬가지로 팔자에 있는 글자들은 운에 의해 변한다. 그래서 글자의 강약도 변하고 격국도 변한다. 팔자 상담은 원국의 글자들이 운에 의해서 어떻게 변해 가는지 살펴보는 것이다.

먼저 천간부터 살펴본다.

時	日	月	年
○	甲	己	○
○	○	○	○

◉대운

壬 癸 甲 乙 丙 丁 戊 己
辰 巳 午 未 申 酉 戌 亥

● 첫 대운은 己土가 오므로 甲木은 가장 약해진다. 己土의 반대편에 甲木이 있기 때문이다. 甲己합을 따질 일이 아니다.

● 甲午 운에는 일간 甲木은 가장 강한 힘을 갖게 된다. 이때는 월간 己土가 가장 약해진다.

時	日	月	年
○	乙	○	庚
○	○	○	○

◉대운

壬 癸 甲 乙 丙 丁 戊 己
辰 巳 午 未 申 酉 戌 亥

● 일간 乙木은 乙木 운이 오면 왕성해진다.

● 乙木 운에는 乙木의 반대편에 있는 庚金이 가장 약해진다.

● 약한 글자를 쓰면 효율이 떨어진다. 하기 싫은 일을 하는 것과 같다.

時	日	月	年
辛	丙	○	○
○	○	○	○

◉대운

壬 癸 甲 乙 丙 丁 戊 己
辰 巳 午 未 申 酉 戌 亥

● 일간 丙火는 丙火 운이 오면 더 확산 더 상승 운동을 하는 속성이 두드러지게 나타난다.

● 丙火 운에 일간 丙火는 가장 강해지고 丙火와 반대편에 있는 시간 辛金은 가장 약해진다.

時	日	月	年
○	丁	壬	○
○	○	○	○

⊙대운

壬 癸 甲 乙 丙 丁 戊 己
辰 巳 午 未 申 酉 戌 亥

● 丁火 운이 올 때 일간 丁火는 가장 왕성하고, 丁火 반대편에 있는 壬水
　는 가장 약해진다.

● 운에서 강해지는 글자를 활용하면 좋다.

時	日	月	年
癸	戊	○	○
○	○	○	○

⊙대운

壬 癸 甲 乙 丙 丁 戊 己
辰 巳 午 未 申 酉 戌 亥

● 일간 戊土는 두 번째 戊戌 대운에 가장 강해진다.

● 천간이 강해지면 생각이 강해진다. 취하려고 하는 욕심이 생긴다.

● 戊土의 반대편에 있는 癸水는 戊土와 반대로 움직인다.

時	日	月	年
○	己	○	甲
○	○	○	○

⊙대운

壬 癸 甲 乙 丙 丁 戊 己
辰 巳 午 未 申 酉 戌 亥

● 일간 己土는 己土 운이 오면 가장 강해지고, 반대편 甲木 운이 오면
　가장 약해진다.

● 천간이 강해지면 의욕이 강해지고, 약해지면 의욕도 약해진다.

時	日	月	年
○	庚	○	○
○	○	○	○

◉대운

壬 癸 甲 乙 丙 丁 戊 己
辰 巳 午 未 申 酉 戌 亥

●일간 庚金은 庚金 운이 올 때 강해진다.

●운에서 힘을 받는 글자를 활용하면 좋다.

●운의 글자와 반대편에 있는 글자들은 약해진다.

●마음에 없는 일을 하면 실패할 가능성이 크다.

時	日	月	年
○	辛	○	丙
○	○	○	○

◉대운

壬 癸 甲 乙 丙 丁 戊 己
辰 巳 午 未 申 酉 戌 亥

●팔자에 있는 글자를 고집하면 안 된다. 운의 흐름에 따라 강해졌다
  약해졌다 하기 때문이다.

●일간 辛金은 辛金 운이 올 때 가장 강하고, 반대편 글자인 丙火 운이
  올 때 가장 약해진다.

時	日	月	年
○	壬	○	丁
○	○	○	○

◉대운

壬 癸 甲 乙 丙 丁 戊 己
辰 巳 午 未 申 酉 戌 亥

●壬水는 壬水 운이 올 때 가장 강하다. 壬水와 가까운 辛金이나 癸水
  운에도 壬水는 강한 편이다.

●壬水는 壬水와 반대편에 있는 丁火 운이 오면 가장 약해진다.

時	日	月	年
○	癸	戊	○
○	○	○	○

◉ 대운

壬	癸	甲	乙
辰	巳	午	未

● 癸水 운에 일간 癸水는 가장 강해지고, 癸水와 반대편에 있는 戊土는 가장 약해진다.

● 어느 운에 어느 글자가 강해지고 약해지는지 천간을 원으로 그려놓고 생각하면 쉽게 알 수 있다.

운이 왔다고 모든 일이 저절로 이루어지는 것은 아니다. 봄이 오면 씨를 뿌리고, 여름이 오면 땀 흘리며 일해야 하며, 가을이 오면 수확하고, 겨울이 오면 휴식해야 한다. 그리고 다시 봄이 오면 씨 뿌려야 한다. 계절마다 해야 할 일이 있다. 운이 왔다고 가만히 있으면 안 된다. 운이 왔을 때 더욱 열심히 일해야 한다.

벗나무의 벗꽃을 피게 하는 것은 벗나무의 노력이 아닌 봄이라는 운이 왔기 때문이다. 노력한다고 되는 것이 아니다. 운이 왔을 때 노력해야 한다. 지금 운에는 무슨 일을 해야 할지 파악하고 노력해야 한다. 무조건 열심히 노력하는 것은 바보이다.

어느 계절이나 해야 할 일이 있다. 계절에 따라 해야 할 일은 다르다. 개인의 운도 마찬가지다. 다가오는 운에 맞춰서 미리 대비해야 한다. 이를 개운(開運)이라고 한다. 개운은 운을 열어 간다는 뜻이다. 봄 다음에는 여름이 오고, 여름 다음에는 가을이 오고, 가을 다음에는 겨울이 온다. 다가오는 운을 미리 대비하는 것이 개운이다.

유명 백화점들은 개운(開運)을 잘한다. 다음 계절을 미리미리 대비하는 것이다. 개인의 사주팔자에도 운의 흐름이 정해져 있어서 다음에 오는 운을 미리 알 수 있다. 운의 흐름을 안다면 시행착오를 줄일 수 있다.

고칠 개(改). 개운(改運). 이따금 개명(改名)하거나 부적을 쓰거나 굿을 하면 개운(改運)할 수 있다고 한다. 운을 고칠 수는 없다. 운을 고칠 수 있다는 것은 계절을 바꿀 수 있다는 것과 같다. 개운(改運)은 있을 수 없는 일이다.

강한 자가 정의다. 밤에는 밤이 정의고, 낮에는 낮이 정의다. 가을에는 가을이 정의고, 봄에는 봄이 정의다. 정의는 보는 각도에 따라 다르다. 옳고 그름은 없다. 강한 자에게 무조건 복종하라. 가장 강한 법은 자연의 법이다. 철새들도 자연의 법을 따라 이동한다. 선택이 힘들 때는 강자를 따르면 된다.

중국이 힘이 셀 때는 친중파, 일본이 힘이 셀 때는 친일파, 미국이 힘이 있으면 친미파가 자동으로 생긴다. 그게 편하기 때문이다. 정치판에도 철새들의 수명은 길다. 민주주의 국가에서 가장 강한 힘을 가진 세력은 국민이다. 특히 정치인들은 평소에 표를 줄 국민을 주인처럼 모셔야 한다.

팔자만 보고 좋다거나 나쁘다고 해서는 안 된다. 좋고 나쁘고는 개인의 판단이고 또 그 판단은 시간과 공간에 따라 수시로 변한다. 물건 자체가 좋고 나쁠 수는 없다. 어떤 물건이든지 필요해서 존재하는 것이다. 어떤 사람에게는 비싸고 값진 물건이라도 어떤 사람에게는 쓸모없는 경우도 많다. 태어날 때 주어진 사주팔자로 언제, 어디에서, 어떻게 살아가야 하는지를 말해 주는 학문이 명리학이다.

팔자를 볼 때 성격 파격을 따지는 경우가 있다. 주로 잘나간다고 생각되는 기득권을 가진 사람들이 만든 기준이다. 세상에는 정품만 있는 것이 아니다. 정품을 가지고도 짝퉁처럼 살아가는 경우도 많다. 정품보다는 짝퉁이 더 많듯이 팔자도 파격이 대부분이다.

피아노를 전공하고 석·박사 학위를 가진 사람들이 있다. 반면 피아노를 전공하지 않고도 아이들을 가르치는 동네 피아노학원도 많다. 어느 쪽이 좋고 어느 쪽이 나쁘다고 말할 수 없다. 남의 삶에 대해 왈가왈부할 시간이 있다면 그 시간에 자기 삶에 대해 더 많은 관심과 노력을 기울이는 것이 좋다.

형제가 있었다. 형은 공부를 잘해서 항상 칭찬을 받고 좋은 대학을 졸업했다. 동생은 공부를 못해서 야단만 맞다가 기술자가 되었다. 성인이 되었을 때 동생은 사업이 성공하여 부모님을 편히 모시게 되었고, 형은 월급을 받는 직장인이 되어 있었다. 아이들을 공부로만 평가하면 안 된다. 학교를 빛낸 아이들은 공부 잘해서 월급 받는 아이들보다는 스포츠인이나 연예인인 경우가 많다. 태어날 때 각자에게 주어진 사주팔자의 종류는 50만 가지가 넘는다.

관성과 인성이 강한 팔자가 식상과 재성이 강한 팔자보다 공부를 잘한다. 관성은 시키면 시키는 대로 말을 잘 듣는 성향이 있고, 인성은 상이나 칭찬을 받는 명예와 관련이 있다. 식상은 하고 싶은 일을 하는 것이고, 재성은 자기 멋대로 하는 성향이다. 공부 잘해서 칭찬을 받고 자란 관성과 인성은 역시 조직으로 취직하여 시키면 시키는 대로 말 잘 듣고 승진하며 살아간다. 반면 식상과 재성은 성공을 하든 실패를 하든지 하고 싶은 일을 하면서 살게 된다. 어느 쪽이 좋고 어느 쪽이 나쁘다고 말할 수 없다. 서로 차이인 것이고 다름인 것이다. 한국 사회는 너무 관성과 인성 쪽을 강조하고 식상과 재성을 문제아 취급하는 경향이 있다.

수업을 들을 때나 교재를 읽을 때마다 명리학에 혁명이 일어났다는 생각이 듭니다. 새로운 12운성, 새로운 12신살 그리고 십신의 재해석까지 품격 있는 명리학을 함께 배울 수 있어서 영광입니다. _김은희

보이지 않는 모습으로 세상의 균형을 묵묵히 맞추고 있는 모든 '음(陰)'들의 소중함과 그들에 대한 감사함을 새삼 느끼게 된 강의였습니다. 고맙습니다. _김진위

명리학 공부를 할수록 끝을 알 수 없었는데 맹기옥 교수님 수업을 통해 이제 끝이 보이는 것 같습니다. 너무너무 감사드립니다. 명리학을 공부하면서 세상을 보는 시각이 달라지고, 대인관계도 더 편해졌습니다. _김진평

맹기옥 선생님의 가르침대로 음양을 대등하게 이해하는 것만으로도 명리학의 많은 문제가 해결된다는 것을 알았습니다. 명리학 공부를 한 후 나와 내 주변 사람들에 대한 이해의 폭이 넓어져서 많은 변화를 경험하고 있습니다. _나윤오

천간과 지지 중심의 새로운 12운성을 배운 후 명리학의 기준을 새롭게 세움으로써 내가 지금 어디쯤 가고 있다는 것을 알게 되었다. 그래서 앞으로 내려가는 삶에 대한 두려움이 덜하다. _박정하

노후를 준비할 대책으로 명리학에 대해 이것저것 보고 있을 때 나이스사주명리를 알게 되었습니다. 저에게는 행운이었습니다. 3년째 공부하고 있습니다. 매주 토요일마다 명리를 배우러 가는 길이 얼마나 즐거운 일인지 모릅니다. 감사합니다. _배민숙

일반 전통적인 명리학 설명과는 차원이 다른 인문학적 명리 강의를 통해 명리학이 논리적이고 자연 친화적인 학문이란 걸 알게 됐습니다. 고맙습니다. _백명승

선생님의 강의를 듣고 처음에는 기존 명리학과 달라 혼란스러웠으나 차츰 음의 중요성, 음양의 차이, 천간 지지 중심 팔자 분석, 운의 중요성 등 강의를 들으면서 확신이 섰습니다. 아무리 좋은 벚나무도 때를 만나지 못하면 꽃을 피울 수 없다, 사주 원국보다 운의 흐름이 중요하다, 행복은 타고난 분수를 지킬 때 얻어진다. 강의 고맙습니다. _송경화

선생님과 함께 공부하며 자연처럼 스스로 그러함을 알아 자신과 타인에 대한 이해가 넓어졌습니다. 명리학이 왜 인문학 중 인문학으로 취급받아야 하는가를 알게 되었습니다. _송지희

명리학은 같은 사주에는 누구나 똑같은 설명을 하는 과학적인 이론을 갖춰야 하고, 명리학은 나를 이해하고 운을 받아들여 자연의 이치에 맞는 삶을 꾸려가는 지혜를 얻으려는 것이다. 오랜 시간 공부하고 연구한 결과를 나눠주시는 선생님께 존경과 감사를 드립니다. _양순분

나의 경우, 처음 명리학을 접하고 3여 년을 공부했으나, 학문에 대한 원칙성이나 일관성이 없어 중도에 포기하고 말았다. 그러다가 우연히 알게 된 나이스사주명리를 통해 명리학은 행복을 추구하고, 우주와 지구의 운동을 인간에게 접목시킨 자연과학이면서 인문과학이라는 사실을 알았다. _유판도

사주명리학은 정해져 있어서 어찌할 수 없는 것이 아니라 앞으로 다가올 미래를 미리 대비하는 학문이다. 다가오는 계절을 미리 준비하듯이 운의 흐름을 파악하여 미래를 대비함으로써 행복을 찾아가는 학문이 명리학이라는 생각입니다. 출간을 진심으로 축하드립니다. _이덕연

수십 년 동안 명리를 배웠지만 배울수록 오리무중이었습니다. 선생님과 공부한 지 2년이 되어 갑니다. 음양, 천간과 지지, 12운성, 12신살, 십신 등 기존 설명과는 다르게 자연의 변화에 맞춰 설명하니 팔자를 보는 기준을 갖게 되어 앞으로 명리학 실력이 일취월장할 것으로 기대됩니다. 고맙습니다. _이성열

지난 7~8년 넘게 여러 곳을 찾아 헤매다가 선생님의 수업을 통하여 나름 해답을 찾게 되어 기쁩니다. 특히 음양과 12운성, 대운의 흐름에 따른 설명을 듣고 팔자 설명에 자신감이 생겼습니다. _이재걸

많은 다른 강의를 듣던 중 유튜브를 통해 인연이 되었습니다. 지엽적인 것보다는 본질적인 것에 충실하라! 숲속 나무보다 숲을 먼저 보라는 말에 공감하여 몇 년째 수업을 듣고 있습니다. 일상에서 접하는 자연의 변화에 맞춰 명리를 설명하시니 이렇게 쉬울 수가 없습니다. _이재숙

명리학 공부 이전에 몇 번의 사주 상담을 했는데 가는 곳마다 말이 달랐다. 내가 직접 공부해야겠다는 생각으로 시작한 공부도 역시 답이 없었다. 포기하고 15년이 지난 어느 날, 유튜브에서 나이스사주명리를 만났고 현재 진행형이다. 이제는 뭔가 알 것 같은 느낌이다. _이주현

신설동 강의를 왕초보로 시작한 지 1년이 됩니다, 처음 2주는 알아듣지도 못하였는데 강의를 듣고 숙제를 하다 보니 이제는 명리학 공부에 목표도 생기고 자신감도 가지게 되었습니다. 책 출판을 축하드리고, 고맙습니다! _이채윤

명리학에 입문하고 갈피를 못 잡고 있던 저에게 한 줄기 빛과 등대가 되어주신 나이스쌤! 첫 강의에서 음과 양을 대등하게 취급해야 한다는 평범한 말이 아직도 뇌리에 선합니다. 선생님을 만나면서 명리의 기준을 바로 잡을 수 있게 되었습니다. _장정호

독학으로 명리학을 공부하면서 혼란스러운 부분과 설명이 애매한 부분이 많았습니다. 맹기옥 선생님을 알게 된 후 기존 시각과 다르게 명리학을 큰 틀로 정리해주어 도움을 받고 있습니다. 매주 숙제를 내주시는데 그 또한 개념 정리를 하는 데 큰 도움이 됩니다. _장준희

선생님! 감사의 마음 전하고 싶네요. 명리를 배우고 제가 바뀌었으니 그것만으로도 충분합니다. _조원

다시 쓰는 명리학《이론편》

1판 1쇄 인쇄 | 2022년 12월 27일
1판 2쇄 발행 | 2025년 01월 13일

지은이 | 맹기옥
펴낸이 | 문해성
펴낸곳 | 상원문화사
주소 | 서울시 은평구 증산로 15길 36 (신사동) (03448)
전화 | 02)354-8646 · 팩시밀리 | 02)384-8644
이메일 | mjs1044@naver.com
출판등록 | 1996년 7월 2일 제8-190호

책임편집 | 김영철
표지 및 본문 디자인 | 개미집

ISBN 979-11-85179-37-7 (03180)